Heart of Darkness

El corazón de las tinieblas

[Bilingual Edition]

English – Spanish

by Joseph Conrad

Translated by Möwenstein

ISBN: 979-8-89513-098-8

Original text: *Heart of Darkness* (1899) by Joseph Conrad (1857-1924)

This bilingual edition—including translation, editorial revisions, formatting, and supplementary content—is produced and edited by Mowenstein Books LLC, with the original text faithfully reproduced from public-domain sources.

While every effort has been made to ensure accuracy, minor discrepancies may occur. Readers are encouraged to consult the original text for reference.

Cover Art: Inspired by *Hustling Sunlight* by Matthew Bakkom (www.hustlingsunlight.xyz)

Möwenstein Books™ is a trademark of and imprint published by Mowenstein Books LLC.

For permissions or inquiries:

Website: mowenstein.com
Email: copyright@mowenstein.com

Mowenstein Books LLC
DE, USA

Contents

I

1.1 The Nellie, a cruising yawl, swung to her anchor without a flutter of the sails, and was at rest.

El Nellie, un yawl de crucero, echó el ancla sin que se agitaran las velas y quedó en reposo.

1.2 The flood had made, the wind was nearly calm, and being bound down the river, the only thing for it was to come to and wait for the turn of the tide.

La marea había amainado, el viento estaba casi en calma y, como iba río abajo, lo único que podía hacer era acercarse y esperar a que cambiara la marea.

2.1 The sea-reach of the Thames stretched before us like the beginning of an interminable waterway.

El brazo de mar del Támesis se extendía ante nosotros como el comienzo de una vía navegable interminable.

In the offing the sea and the sky were welded together without a joint, and in the luminous space the tanned sails of the barges drifting up with the tide seemed to stand still in red clusters of canvas sharply peaked, with gleams of varnished sprits.

En el horizonte, el mar y el cielo se soldaban sin juntas, y en el espacio luminoso las velas bronceadas de las barcazas que subían a la deriva con la marea parecían detenerse en rojos racimos de lona de picos afilados, con destellos de brillos barnizados.

A haze rested on the low shores that ran out to sea in vanishing flatness.

Una neblina se cernía sobre las costas bajas que se adentraban en el mar en una llanura que se desvanecía.

The air was dark above Gravesend, and farther back still seemed condensed into a mournful gloom, brooding motionless over the biggest, and the greatest, town on earth.

El aire era oscuro por encima de Gravesend, y más atrás aún parecía condensarse en una lúgubre penumbra, que se cernía inmóvil sobre la mayor y más grande ciudad de la tierra.

The Director of Companies was our captain and our host.

El Director de Empresas era nuestro capitán y nuestro anfitrión.

We four affectionately watched his back as he stood in the bows looking to seaward.

Los cuatro le guardábamos afectuosamente las espaldas mientras él permanecía en la proa mirando hacia el mar.

On the whole river there was nothing that looked half so nautical.

En todo el río no había nada que pareciera tan náutico.

3.4 **He resembled a pilot,**
Parecía un piloto,

3.5 **which to a seaman is trustworthiness personified.**
lo que para un marino es la confianza personificada.

3.6 **It was difficult to realize his work was not out there in the luminous estuary, but behind him, within the brooding gloom.**
Era difícil darse cuenta de que su trabajo no estaba ahí fuera, en el luminoso estuario, sino detrás de él, en la melancólica penumbra.

4.1 **Between us there was, as I have already said somewhere, the bond of the sea.**
Entre nosotros existía, como ya he dicho en alguna parte, el vínculo del mar.

4.2 **Besides holding our hearts together through long periods of separation,**
Además de mantener nuestros corazones unidos durante largos períodos de separación,

4.3 **it had the effect of making us tolerant of each other's yarns -**
tenía el efecto de hacernos tolerantes con las historias -

4.4 **and even convictions. The Lawyer -**
e incluso con las convicciones de los demás. El abogado -

4.5 **the best of old fellows -**
el mejor de los viejos -

had, because of his many years and many virtues, the only cushion on deck, and was lying on the only rug. 4.6

tenía, por sus muchos años y muchas virtudes, el único cojín de la cubierta, y estaba acostado sobre la única alfombra.

The Accountant had brought out already a box of dominoes, and was toying architecturally with the bones. 4.7

El contable había sacado ya una caja de fichas de dominó y jugaba arquitectónicamente con los huesos.

Marlow sat cross-legged right aft, 4.8

Marlow estaba sentado con las piernas cruzadas a popa,

leaning against the mizzen-mast. 4.9

apoyado en el palo de mesana.

He had sunken cheeks, a yellow complexion, a straight back, an ascetic aspect, and, with his arms dropped, the palms of hands outwards, resembled an idol. 4.10

Tenía las mejillas hundidas, la tez amarilla, la espalda recta, un aspecto ascético y, con los brazos caídos y las palmas de las manos hacia fuera, parecía un ídolo.

The director, satisfied the anchor had good hold, made his way aft and sat down amongst us. 4.11

El director, satisfecho de que el ancla estuviera bien sujeta, se dirigió a popa y se sentó entre nosotros.

We exchanged a few words lazily. 4.12

Intercambiamos algunas palabras perezosamente.

Afterwards there was silence on board the yacht. 4.13

Después se hizo el silencio a bordo del yate.

4.14 For some reason or other we did not begin that game of dominoes.

Por una razón u otra no empezamos aquella partida de dominó.

4.15 We felt meditative,

Nos sentíamos meditabundos,

4.16 and fit for nothing but placid staring.

y no nos apetecía otra cosa que mirar plácidamente.

4.17 The day was ending in a serenity of still and exquisite brilliance.

El día terminaba en una serenidad de brillo quieto y exquisito.

4.18 The water shone pacifically;

El agua brillaba pacíficamente;

4.19 the sky, without a speck, was a benign immensity of unstained light;

el cielo, sin una mancha, era una benigna inmensidad de luz sin mancha;

4.20 the very mist on the Essex marsh was like a gauzy and radiant fabric, hung from the wooded rises inland, and draping the low shores in diaphanous folds.

la misma niebla del pantano de Essex era como un tejido vaporoso y radiante, colgado de las elevaciones boscosas del interior, y cubriendo las costas bajas con pliegues diáfanos.

4.21 Only the gloom to the west, brooding over the upper reaches, became more sombre every minute, as if angered by the approach of the sun.

Sólo la penumbra del oeste, que se cernía sobre las zonas altas, se volvía más sombría cada minuto, como si se enfadara por la proximidad del sol.

And at last, in its curved and imperceptible fall, the 5.1
sun sank low, and from glowing white changed to a
dull red without rays and without heat, as if about
to go out suddenly, stricken to death by the touch of
that gloom brooding over a crowd of men.

Y por fin, en su curvada e imperceptible caída, el sol se
hundió, y de blanco resplandeciente pasó a un rojo apagado,
sin rayos y sin calor, como si estuviera a punto de apagarse
de repente, fulminado por el contacto de aquella penumbra
que se cernía sobre una multitud de hombres.

Forthwith a change came over the waters, 6.1

En seguida se produjo un cambio en las aguas,

and the serenity became less brilliant but more 6.2
profound.

y la serenidad se hizo menos brillante pero más profunda.

The old river in its broad reach rested unruffled at the 6.3
decline of day, after ages of good service done to the
race that peopled its banks, spread out in the tranquil
dignity of a waterway leading to the uttermost ends
of the earth.

El viejo río, en su ancho cauce, descansaba imperturbable
al declinar el día, después de siglos de buenos servicios
prestados a la raza que poblaba sus riberas, extendido en
la tranquila dignidad de una vía fluvial que conduce a los
confines de la tierra.

We looked at the venerable stream not in the vivid 6.4
flush of a short day that comes and departs for ever,

Contemplamos el venerable arroyo no con el vivo fulgor de
un corto día que llega y se va para siempre,

but in the august light of abiding memories. 6.5

sino a la augusta luz de los recuerdos perdurables.

6.6 And indeed nothing is easier for a man who has, as the phrase goes,

Y, en efecto, nada es más fácil para un hombre que, como dice la frase, ha,

6.7 "followed the sea" with reverence and affection,

"seguido el mar" con reverencia y afecto,

6.8 than to evoke the great spirit of the past upon the lower reaches of the Thames.

que evocar el gran espíritu del pasado en los tramos inferiores del Támesis.

6.9 The tidal current runs to and fro in its unceasing service,

La corriente de la marea corre de un lado a otro en su incesante servicio,

6.10 crowded with memories of men and ships it had borne to the rest of home or to the battles of the sea.

atestada de recuerdos de hombres y barcos que había llevado al descanso del hogar o a las batallas del mar.

6.11 It had known and served all the men of whom the nation is proud, from Sir Francis Drake to Sir John Franklin, knights all, titled and untitled — the great knights-errant of the sea.

Había conocido y servido a todos los hombres de los que la nación se enorgullece, desde Sir Francis Drake hasta Sir John Franklin, caballeros todos, con título y sin él, los grandes caballeros andantes del mar.

It had borne all the ships whose names are like jewels
flashing in the night of time, from the Golden Hind
returning with her rotund flanks full of treasure, to
be visited by the Queen's Highness and thus pass out
of the gigantic tale, to the Erebus and Terror, bound
on other conquests — and that never returned.
6.12

Había soportado a todos los barcos cuyos nombres son
como joyas que centellean en la noche de los tiempos, desde
el Golden Hind que regresaba con sus flancos rotundos
llenos de tesoros, para ser visitado por la Alteza de la Reina
y salir así de la gigantesca historia, hasta el Erebus and
Terror, con destino a otras conquistas, y que nunca regresó.

It had known the ships and the men.
6.13

Había conocido los barcos y a los hombres.

They had sailed from Deptford, from Greenwich,
from Erith — the adventurers and the settlers;
6.14

Habían zarpado de Deptford, de Greenwich, de Erith: los
aventureros y los colonos;

kings' ships and the ships of men on 'Change;
6.15

los barcos de los reyes y los barcos de los hombres del
cambio;

captains, admirals, the dark "interlopers"
6.16

los capitanes, los almirantes, los oscuros "intrusos"

of the Eastern trade, and the commissioned
"generals"
6.17

del comercio oriental y los "generales"

of East India fleets.
6.18

comisionados de las flotas de las Indias Orientales.

6.19 Hunters for gold or pursuers of fame, they all had gone out on that stream, bearing the sword, and often the torch, messengers of the might within the land, bearers of a spark from the sacred fire.

Cazadores de oro o perseguidores de fama, todos ellos habían salido por aquella corriente, portando la espada, y a menudo la antorcha, mensajeros del poder en la tierra, portadores de una chispa del fuego sagrado.

6.20 What greatness had not floated on the ebb of that river into the mystery of an unknown earth! ...

Qué grandeza no había flotado en el reflujo de aquel río hacia el misterio de una tierra desconocida! ...

6.21 The dreams of men, the seed of commonwealths, the germs of empires.

Los sueños de los hombres, la semilla de las mancomunidades, los gérmenes de los imperios.

7.1 The sun set; the dusk fell on the stream,

El sol se puso,

7.2 and lights began to appear along the shore.

el crepúsculo cayó sobre el arroyo y empezaron a aparecer luces a lo largo de la orilla.

7.3 The Chapman light-house, a three-legged thing erect on a mud-flat, shone strongly.

El faro de Chapman, una cosa de tres patas erguida sobre un lodazal, brillaba con fuerza.

7.4 Lights of ships moved in the fairway — a great stir of lights going up and going down.

Las luces de los barcos se movían en el canal, un gran revuelo de luces que subían y bajaban.

And farther west on the upper reaches the place of the monstrous town was still marked ominously on the sky, a brooding gloom in sunshine, a lurid glare under the stars.

7.5

Y más al oeste, en la parte alta, el lugar de la monstruosa ciudad seguía marcándose ominosamente en el cielo, una melancólica penumbra bajo el sol, un resplandor escabroso bajo las estrellas.

"And this also," said Marlow suddenly,

8.1

"Y éste también," dijo Marlow de repente,

"has been one of the dark places of the earth."

8.2

"ha sido uno de los lugares oscuros de la tierra."

He was the only man of us who still "followed the sea."

9.1

Era el único de nosotros que aún "seguía el mar."

The worst that could be said of him was that he did not represent his class.

9.2

Lo peor que podía decirse de él era que no representaba a su clase.

He was a seaman, but he was a wanderer, too, while most seamen lead, if one may so express it, a sedentary life.

9.3

Era marino, pero también errante, mientras que la mayoría de los marinos llevan, si se puede decir así, una vida sedentaria.

Their minds are of the stay-at-home order,

9.4

Sus mentes son del tipo de los que se quedan en casa,

and their home is always with them — the ship;

9.5

y su hogar está siempre con ellos: el barco;

9.6 and so is their country — the sea.
y también lo está su país: el mar.

9.7 One ship is very much like another,
Un barco se parece mucho a otro,

9.8 and the sea is always the same.
y el mar es siempre el mismo.

9.9 In the immutability of their surroundings the foreign shores, the foreign faces, the changing immensity of life, glide past, veiled not by a sense of mystery but by a slightly disdainful ignorance;
En la inmutabilidad de su entorno se deslizan las costas extranjeras, los rostros extranjeros, la cambiante inmensidad de la vida, velados no por un sentido de misterio sino por una ignorancia ligeramente desdeñosa;

9.10 for there is nothing mysterious to a seaman unless it be the sea itself,
porque no hay nada misterioso para un marino a menos que sea el propio mar,

9.11 which is the mistress of his existence and as inscrutable as Destiny.
que es la dueña de su existencia y tan inescrutable como el Destino.

9.12 For the rest, after his hours of work, a casual stroll or a casual spree on shore suffices to unfold for him the secret of a whole continent, and generally he finds the secret not worth knowing.
Por lo demás, después de sus horas de trabajo, basta un paseo casual o una juerga casual por la orilla para descubrirle el secreto de todo un continente, y generalmente encuentra que no vale la pena conocer el secreto.

The yarns of seamen have a direct simplicity, 9.13
Los relatos de los marineros tienen una sencillez directa,

the whole meaning of which lies within the shell of a 9.14
cracked nut.
cuyo significado se encuentra dentro de la cáscara de una
nuez agrietada.

But Marlow was not typical (if his propensity to 9.15
spin yarns be excepted), and to him the meaning of
an episode was not inside like a kernel but outside,
enveloping the tale which brought it out only as a
glow brings out a haze, in the likeness of one of these
misty halos that sometimes are made visible by the
spectral illumination of moonshine.
Pero Marlow no era típico (si exceptuamos su propensión a
hilar hilos), y para él el significado de un episodio no estaba
dentro como un grano, sino fuera, envolviendo el relato
que lo sacaba a la luz sólo como un resplandor saca a la luz
una neblina, a semejanza de uno de esos brumosos halos
que a veces se hacen visibles por la iluminación espectral de
la luz de la luna.

His remark did not seem at all surprising. 10.1
Su comentario no me sorprendió en absoluto.

It was just like Marlow. It was accepted in silence. 10.2
Era propio de Marlow. Fue aceptado en silencio.

No one took the trouble to grunt even; 10.3
Nadie se tomó la molestia de gruñir siquiera;

10.4 and presently he said, very slow — "I was thinking of very old times, when the Romans first came here, nineteen hundred years ago — the other day ...Light came out of this river since — you say Knights?
y en seguida dijo, muy despacio: "Estaba pensando en tiempos muy antiguos, cuando los romanos llegaron aquí por primera vez, hace mil novecientos años ...el otro día ...Desde entonces ha salido luz de este río, ¿dices Caballeros?

10.5 Yes; but it is like a running blaze on a plain,
Sí; pero es como un resplandor fugaz en una llanura,

10.6 like a flash of lightning in the clouds.
como un relámpago en las nubes.

10.7 We live in the flicker — may it last as long as the old earth keeps rolling!
Vivimos en el parpadeo; ¡que dure mientras la vieja tierra siga rodando!

10.8 But darkness was here yesterday.
Pero la oscuridad estaba aquí ayer.

10.9 Imagine the feelings of a commander of a fine -
Imaginad los sentimientos de un comandante de un buen trirreme -

10.10 what d'ye call 'em? - trireme in the Mediterranean,
¿cómo los llamáis? - en el Mediterráneo,

10.11 ordered suddenly to the north;
al que se le ordena repentinamente dirigirse al norte;

10.12 run overland across the Gauls in a hurry;
atravesar la Galia por tierra a toda prisa;

put in charge of one of these craft the legionaries -   10.13
ser puesto a cargo de una de esas naves que los legionarios -

a wonderful lot of handy men they must have been,   10.14
too -
un grupo maravilloso de hombres hábiles que debían de ser
también -

used to build, apparently by the hundred, in a month   10.15
or two, if we may believe what we read.
solían construir, aparentemente por centenares, en un mes
o dos, si podemos creer lo que leemos.

Imagine him here -   10.16
Imaginadlo aquí -

the very end of the world, a sea the colour of lead, a   10.17
sky the colour of smoke, a kind of ship about as rigid
as a concertina -
el fin del mundo, un mar del color del plomo, un cielo del
color del humo, una especie de barco tan rígido como una
concertina -

and going up this river with stores, or orders, or what   10.18
you like.
y remontando este río con provisiones, o pedidos, o lo que
queráis.

Sand-banks, marshes, forests, savages, — precious   10.19
little to eat fit for a civilized man, nothing but Thames
water to drink.
Bancos de arena, pantanos, bosques, salvajes, muy poco que
comer apto para un hombre civilizado, nada más que agua
del Támesis para beber.

No Falernian wine here, no going ashore.   10.20
Aquí no hay vino de Falernia, no se puede desembarcar.

10.21 Here and there a military camp lost in a wilderness, like a needle in a bundle of hay — cold, fog, tempests, disease, exile, and death — death skulking in the air, in the water, in the bush.

Aquí y allá, un campamento militar perdido en el desierto, como una aguja en un fardo de heno: frío, niebla, tempestades, enfermedades, exilio y muerte, la muerte acechando en el aire, en el agua, en la maleza.

10.22 They must have been dying like flies here. Oh, yes — he did it.

Debían de estar muriendo como moscas aquí. Oh, sí, él lo hizo.

10.23 Did it very well, too, no doubt, and without thinking much about it either, except afterwards to brag of what he had gone through in his time, perhaps.

Lo hizo muy bien, también, sin duda, y sin pensar mucho en ello, excepto después para presumir de lo que había pasado en su tiempo, tal vez.

10.24 They were men enough to face the darkness.

Eran hombres como para enfrentarse a la oscuridad.

10.25 And perhaps he was cheered by keeping his eye on a chance of promotion to the fleet at Ravenna by and by,

Y tal vez se animaba manteniendo la vista en una posibilidad de ascenso a la flota de Rávena dentro de poco,

10.26 if he had good friends in Rome and survived the awful climate.

si tenía buenos amigos en Roma y sobrevivía al horrible clima.

10.27 Or think of a decent young citizen in a toga -

O piensa en un joven ciudadano decente vestido con toga -

perhaps too much dice, you know -   10.28
quizá con demasiados dados, ya sabes -

coming out here in the train of some prefect, or tax-   10.29
gatherer, or trader even, to mend his fortunes.
viniendo aquí en el tren de algún prefecto, o recaudador de
impuestos, o incluso comerciante, para reparar su fortuna.

Land in a swamp, march through the woods, and   10.30
in some inland post feel the savagery, the utter
savagery, had closed round him — all that mysterious
life of the wilderness that stirs in the forest, in the
jungles, in the hearts of wild men.
Desembarcar en un pantano, marchar a través de los
bosques, y en algún puesto del interior sentir que el
salvajismo, el más absoluto salvajismo, se había cerrado
a su alrededor, toda esa misteriosa vida de lo salvaje que
se agita en el bosque, en las selvas, en los corazones de los
hombres salvajes.

There's no initiation either into such mysteries.   10.31
Tampoco hay iniciación a esos misterios.

He has to live in the midst of the incomprehensible,   10.32
Tiene que vivir en medio de lo incomprensible,

which is also detestable.   10.33
que también es detestable.

And it has a fascination, too, that goes to work upon   10.34
him.
Y también ejerce sobre él una fascinación.

10.35 The fascination of the abomination — you know,
imagine the growing regrets, the longing to escape,
the powerless disgust, the surrender, the hate."
La fascinación de la abominación — imagínate los
remordimientos crecientes, el anhelo de escapar, el asco
impotente, la rendición, el odio."

11.1 He paused.
Hizo una pausa.

12.1 "Mind,"
"Mente,"

12.2 he began again, lifting one arm from the elbow,
the palm of the hand outwards, so that, with his
legs folded before him, he had the pose of a Buddha
preaching in European clothes and without a lotus-
flower -
empezó de nuevo, levantando un brazo desde el codo, la
palma de la mano hacia fuera, de modo que, con las piernas
dobladas ante sí, tenía la pose de un Buda predicando con
ropas europeas y sin flor de loto -

12.3 "Mind, none of us would feel exactly like this.
"Mente, ninguno de nosotros se sentiría exactamente así.

12.4 What saves us is efficiency — the devotion to
efficiency.
Lo que nos salva es la eficacia, la devoción por la eficacia.

12.5 But these chaps were not much account, really.
Pero estos tipos no tenían mucho en cuenta, en realidad.

12.6 They were no colonists;
No eran colonos;

their administration was merely a squeeze, and
nothing more, I suspect.

su administración no era más que un apretón, y nada más,
sospecho.

They were conquerors, and for that you want only
brute force — nothing to boast of, when you have it,
since your strength is just an accident arising from
the weakness of others.

Eran conquistadores, y para eso sólo se necesita la fuerza
bruta, nada de lo que jactarse cuando se tiene, ya que la
fuerza es sólo un accidente derivado de la debilidad de los
demás.

They grabbed what they could get for the sake of what
was to be got.

Se apoderaban de lo que podían conseguir por el bien de lo
que había que conseguir.

It was just robbery with violence, aggravated murder
on a great scale, and men going at it blind — as is very
proper for those who tackle a darkness.

No era más que un robo con violencia, un asesinato
agravado a gran escala, y los hombres iban a ciegas, como es
muy propio de quienes abordan una oscuridad.

The conquest of the earth, which mostly means
the taking it away from those who have a different
complexion or slightly flatter noses than ourselves, is
not a pretty thing when you look into it too much.

La conquista de la tierra, que significa sobre todo
arrebatársela a quienes tienen una tez diferente o unas
narices ligeramente más chatas que las nuestras, no es algo
bonito cuando se analiza demasiado.

What redeems it is the idea only. An idea at the
back of it;

Lo que la redime es sólo la idea. Una idea en el fondo;

12.13   not a sentimental pretence but an idea;

no una pretensión sentimental, sino una idea;

12.14   and an unselfish belief in the idea — something you can set up, and bow down before, and offer a sacrifice to ..."

y una creencia desinteresada en la idea: algo que puedas levantar, ante lo que inclinarte y a lo que ofrecer un sacrificio ..."

13.1   He broke off.

Se separó.

13.2   Flames glided in the river, small green flames, red flames, white flames, pursuing, overtaking, joining, crossing each other — then separating slowly or hastily.

Las llamas se deslizaban por el río, pequeñas llamas verdes, llamas rojas, llamas blancas, persiguiéndose, adelantándose, uniéndose, cruzándose — y luego separándose lenta o precipitadamente.

13.3   The traffic of the great city went on in the deepening night upon the sleepless river.

El tráfico de la gran ciudad continuaba en la noche que se hacía más profunda sobre el río insomne.

13.4   We looked on, waiting patiently — there was nothing else to do till the end of the flood; but it was only after a long silence, when he said, in a hesitating voice,

Nos quedamos mirando, esperando pacientemente; no había nada más que hacer hasta el final de la crecida; pero sólo después de un largo silencio, cuando él dijo, con voz vacilante:

"I suppose you fellows remember I did once turn fresh-water sailor for a bit," 13.5

"Supongo que recordarán que una vez me convertí en marinero de agua dulce durante un tiempo,"

that we knew we were fated, before the ebb began to run, to hear about one of Marlow's inconclusive experiences. 13.6

supimos que estábamos destinados, antes de que el reflujo empezara a correr, a oír hablar de una de las experiencias inconclusas de Marlow.

"I don't want to bother you much with what happened to me personally," he began, showing in this remark the weakness of many tellers of tales who seem so often unaware of what their audience would like best to hear; 14.1

"No quiero molestarles mucho con lo que me ocurrió a mí personalmente - comenzó, mostrando en esta observación la debilidad de muchos narradores que parecen ignorar tan a menudo lo que a su público le gustaría más oír-;

"yet to understand the effect of it on me you ought to know how I got out there, what I saw, how I went up that river to the place where I first met the poor chap. 14.2

sin embargo, para comprender el efecto que tuvo en mí, deberían saber cómo llegué allí, qué vi, cómo remonté aquel río hasta el lugar donde me encontré por primera vez con el pobre tipo.

It was the farthest point of navigation and the culminating point of my experience. 14.3

Era el punto más lejano de la navegación y el punto culminante de mi experiencia.

14.4 It seemed somehow to throw a kind of light on everything about me — and into my thoughts.

Parecía arrojar una especie de luz sobre todo lo que me rodeaba y sobre mis pensamientos.

14.5 It was sombre enough, too — and pitiful — not extraordinary in any way — not very clear either.

También era bastante sombrío y lamentable, nada extraordinario, pero tampoco muy claro.

14.6 No, not very clear.

No, no muy claro.

14.7 And yet it seemed to throw a kind of light.

Y, sin embargo, parecía arrojar una especie de luz.

15.1 I had then, as you remember, just returned to London after a lot of Indian Ocean, Pacific, China Seas -

Como recordarán, yo acababa de regresar a Londres después de haber estado en el Océano Índico, el Pacífico y los mares de China -

15.2 a regular dose of the East -

una dosis regular de Oriente -

15.3 six years or so, and I was loafing about, hindering you fellows in your work and invading your homes, just as though I had got a heavenly mission to civilize you.

durante seis años más o menos, y holgazaneaba por ahí, entorpeciéndoles a ustedes en su trabajo e invadiendo sus hogares, como si tuviera la misión celestial de civilizarles.

15.4 It was very fine for a time,

Estuvo muy bien durante un tiempo,

but after a bit I did get tired of resting. 15.5
pero al cabo de un tiempo me cansé de descansar.

Then I began to look for a ship — I should think the 15.6
hardest work on earth.
Entonces empecé a buscar un barco; creo que es el trabajo
más duro de la tierra.

But the ships wouldn't even look at me. 15.7
Pero los barcos ni siquiera me miraban.

And I got tired of that game, too. 15.8
Y también me cansé de ese juego.

Now when I was a little chap I had a passion for maps. 16.1
Cuando era pequeño me apasionaban los mapas.

I would look for hours at South America, or Africa, 16.2
or Australia, and lose myself in all the glories of
exploration.
Me pasaba horas mirando Sudamérica, África o Australia, y
me perdía en todas las glorias de la exploración.

At that time there were many blank spaces on the 16.3
earth, and when I saw one that looked particularly
inviting on a map (but they all look that) I would put
my finger on it and say,
En aquella época había muchos espacios en blanco en
la Tierra, y cuando veía uno que parecía especialmente
atractivo en un mapa (pero todos lo parecen) ponía el dedo
sobre él y decía,

'When I grow up I will go there.' 16.4
"Cuando sea mayor iré allí."

The North Pole was one of these places, I remember. 16.5
Recuerdo que el Polo Norte era uno de esos lugares.

16.6 **Well, I haven't been there yet, and shall not try now.**
Pues bien, aún no he estado allí, y no lo intentaré ahora.

16.7 **The glamour's off.**
Se acabó el glamour.

16.8 **Other places were scattered about the hemispheres.**
Otros lugares estaban dispersos por los hemisferios.

16.9 **I have been in some of them, and ...well, we won't talk about that.**
He estado en algunos de ellos, y ...bueno, no hablaremos de eso.

16.10 **But there was one yet -**
Pero había uno -

16.11 **the biggest, the most blank, so to speak -**
el más grande, el más vacío, por así decirlo -

16.12 **that I had a hankering after.**
que me apetecía visitar.

17.1 **True, by this time it was not a blank space any more.**
Es cierto que para entonces ya no era un espacio en blanco.

17.2 **It had got filled since my boyhood with rivers and lakes and names.**
Desde mi niñez se había llenado de ríos, lagos y nombres.

17.3 **It had ceased to be a blank space of delightful mystery — a white patch for a boy to dream gloriously over.**
Había dejado de ser un espacio en blanco de delicioso misterio, una mancha blanca sobre la que un niño podía soñar gloriosamente.

It had become a place of darkness.

Se había convertido en un lugar oscuro.

17.4

But there was in it one river especially, a mighty big river, that you could see on the map, resembling an immense snake uncoiled, with its head in the sea, its body at rest curving afar over a vast country, and its tail lost in the depths of the land.

Pero había en él un río en especial, un río enorme, que se podía ver en el mapa, semejante a una inmensa serpiente desenrollada, con la cabeza en el mar, el cuerpo en reposo curvándose a lo lejos sobre un vasto país, y la cola perdida en las profundidades de la tierra.

17.5

And as I looked at the map of it in a shop-window, it fascinated me as a snake would a bird — a silly little bird.

Y mientras miraba el mapa en el escaparate de una tienda, me fascinaba como una serpiente a un pájaro, un pajarillo tonto.

17.6

Then I remembered there was a big concern,

Entonces recordé que había una gran preocupación,

17.7

a Company for trade on that river. Dash it all!

una Compañía para el comercio en ese río. ¡Impresionante!

17.8

I thought to myself, they can't trade without using some kind of craft on that lot of fresh water — steamboats!

me dije; No pueden comerciar sin utilizar algún tipo de embarcación en ese montón de agua dulce: ¡botes de vapor!

17.9

Why shouldn't I try to get charge of one?

¿Por qué no intentar hacerme cargo de uno?

17.10

I went on along Fleet Street,

Seguí por Fleet Street,

17.11

17.12 **but could not shake off the idea.**
pero no podía quitarme la idea de la cabeza.

17.13 **The snake had charmed me.**
La serpiente me había hechizado.

18.1 **You understand it was a Continental concern,**
Comprenderás que era una preocupación continental,

18.2 **that Trading society;**
esa sociedad mercantil;

18.3 **but I have a lot of relations living on the Continent, because it's cheap and not so nasty as it looks, they say.**
pero tengo muchos parientes que viven en el Continente, porque es barato y no tan desagradable como parece, dicen.

19.1 **I am sorry to own I began to worry them.**
Siento decir que empecé a preocuparles.

19.2 **This was already a fresh departure for me.**
Esto ya era un nuevo comienzo para mí.

19.3 **I was not used to get things that way, you know.**
No estaba acostumbrado a que me hicieran las cosas así.

19.4 **I always went my own road and on my own legs where I had a mind to go.**
Siempre iba por mi propio camino y sobre mis propias piernas a donde me proponía ir.

19.5 **I wouldn't have believed it of myself; but, then - you see -**
Ni yo misma lo habría creído, pero entonces - ya ves -

I felt somehow I must get there by hook or by crook. 19.6
sentí que de algún modo debía llegar allí por las buenas o
por las malas.

So I worried them. The men said 'My dear fellow,' 19.7
Así que los preocupé. Los hombres dijeron: "Mi querido
amigo,"

and did nothing. Then — would you believe it? 19.8
y no hicieron nada. Entonces, ¿puede creerlo?

— I tried the women. 19.9
Probé con las mujeres.

I, Charlie Marlow, set the women to work — to get a 19.10
job.
Yo, Charlie Marlow, puse a las mujeres a trabajar para
conseguir un empleo.

Heavens! Well, you see, the notion drove me. I had an 19.11
aunt,
¡Cielos! La idea me impulsó. Tenía una tía,

a dear enthusiastic soul. She wrote: 19.12
una querida alma entusiasta. Ella escribió:

'It will be delightful. I am ready to do anything, 19.13
"Será encantador. Estoy dispuesta a hacer cualquier cosa,

anything for you. It is a glorious idea. 19.14
cualquier cosa por ti. Es una idea gloriosa.

I know the wife of a very high personage in the 19.15
Administration, and also a man who has lots of
influence with,'
Conozco a la mujer de un alto cargo de la Administración, y
también a un hombre que tiene mucha influencia en ...,"

19.16   **etc. She was determined to make no end of fuss to get me appointed skipper of a river steamboat,**
etc. Estaba decidida a hacer todo lo posible para que me nombraran capitán de un barco de vapor,

19.17   **if such was my fancy.**
si eso era lo que me apetecía.

20.1   **I got my appointment — of course; and I got it very quick.**
Obtuve mi nombramiento, por supuesto, y lo obtuve muy rápido.

20.2   **It appears the Company had received news that one of their captains had been killed in a scuffle with the natives.**
Al parecer, la Compañía había recibido la noticia de que uno de sus capitanes había muerto en una refriega con los nativos.

20.3   **This was my chance, and it made me the more anxious to go.**
Era mi oportunidad, y eso me hizo estar más ansioso por ir.

20.4   **It was only months and months afterwards, when I made the attempt to recover what was left of the body, that I heard the original quarrel arose from a misunderstanding about some hens.**
Sólo meses y meses después, cuando intenté recuperar lo que quedaba del cuerpo, me enteré de que la pelea original había surgido de un malentendido por unas gallinas.

20.5   **Yes, two black hens. Fresleven - that was the fellow's name,**
Sí, dos gallinas negras. Fresleven - así se llamaba el tipo,

a Dane - thought himself wronged somehow in the bargain, 20.6
un danés - se creyó agraviado de alguna manera en el asunto,

so he went ashore and started to hammer the chief of the village with a stick. 20.7
así que desembarcó y empezó a golpear al jefe de la aldea con un palo.

Oh, it didn't surprise me in the least to hear this, and at the same time to be told that Fresleven was the gentlest, quietest creature that ever walked on two legs. 20.8
Oh, no me sorprendió lo más mínimo oír esto, y al mismo tiempo que me dijeran que Fresleven era la criatura más gentil y tranquila que jamás había caminado sobre dos piernas.

No doubt he was; 20.9
No hay duda de que lo era;

but he had been a couple of years already out there engaged in the noble cause, you know, and he probably felt the need at last of asserting his self-respect in some way. 20.10
pero llevaba ya un par de años por ahí comprometido con la noble causa, ya sabes, y probablemente sintió al fin la necesidad de hacer valer su amor propio de alguna manera.

20.11 Therefore he whacked the old nigger mercilessly, while a big crowd of his people watched him, thunderstruck, till some man — I was told the chief's son — in desperation at hearing the old chap yell, made a tentative jab with a spear at the white man — and of course it went quite easy between the shoulder-blades.

Por lo tanto, golpeó al viejo negro sin piedad, mientras una gran multitud de su gente lo observaba, atónita, hasta que un hombre - me dijeron que el hijo del jefe-, desesperado al oír los gritos del viejo, dio un tímido golpe con una lanza al hombre blanco y, por supuesto, se clavó fácilmente entre los omóplatos.

20.12 Then the whole population cleared into the forest, expecting all kinds of calamities to happen, while, on the other hand, the steamer Fresleven commanded left also in a bad panic, in charge of the engineer, I believe.

Entonces toda la población se refugió en el bosque, esperando que ocurrieran todo tipo de calamidades, mientras que, por otra parte, el vapor Fresleven, al mando del maquinista, creo que también fue presa del pánico.

20.13 Afterwards nobody seemed to trouble much about Fresleven's remains,

Después nadie pareció preocuparse mucho por los restos de Fresleven,

20.14 till I got out and stepped into his shoes.

hasta que yo salí y me puse en su lugar.

I couldn't let it rest, though; but when an opportunity offered at last to meet my predecessor, the grass growing through his ribs was tall enough to hide his bones.

20.15

Pero cuando por fin se me presentó la oportunidad de encontrarme con mi predecesor, la hierba que crecía entre sus costillas era lo bastante alta como para ocultar sus huesos.

They were all there.

20.16

Estaban todos allí.

The supernatural being had not been touched after he fell.

20.17

El ser sobrenatural no había sido tocado después de su caída.

And the village was deserted, the huts gaped black, rotting, all askew within the fallen enclosures.

20.18

Y la aldea estaba desierta, las chozas abiertas, negras, putrefactas, todas torcidas dentro de los recintos caídos.

A calamity had come to it, sure enough.

20.19

Le había sobrevenido una calamidad, sin duda.

The people had vanished.

20.20

La gente había desaparecido.

Mad terror had scattered them, men, women, and children, through the bush, and they had never returned.

20.21

El terror los había dispersado, hombres, mujeres y niños, por el monte, y nunca habían regresado.

What became of the hens I don't know either.

20.22

Tampoco sé qué fue de las gallinas.

20.23   I should think the cause of progress got them, anyhow.

Creo que la causa del progreso se las llevó.

20.24   However, through this glorious affair I got my appointment, before I had fairly begun to hope for it.

Sin embargo, a través de este glorioso asunto conseguí mi nombramiento, antes de que hubiera empezado a esperarlo.

21.1   I flew around like mad to get ready, and before forty-eight hours I was crossing the Channel to show myself to my employers, and sign the contract.

Volé como un loco para prepararme, y antes de cuarenta y ocho horas estaba cruzando el Canal para presentarme a mis jefes y firmar el contrato.

21.2   In a very few hours I arrived in a city that always makes me think of a whited sepulchre.

En muy pocas horas llegué a una ciudad que siempre me hace pensar en un sepulcro blanqueado.

21.3   Prejudice no doubt.

Prejuicios sin duda.

21.4   I had no difficulty in finding the Company's offices.

No me costó encontrar las oficinas de la Compañía.

21.5   It was the biggest thing in the town,

Era lo más grande de la ciudad,

21.6   and everybody I met was full of it.

y todo el mundo con el que me cruzaba me lo contaba.

They were going to run an over-sea empire, and make no end of coin by trade. 21.7

Iban a dirigir un imperio marítimo y a ganar mucho dinero con el comercio.

A narrow and deserted street in deep shadow, high houses, innumerable windows with venetian blinds, a dead silence, grass sprouting between the stones, imposing carriage archways right and left, immense double doors standing ponderously ajar. 22.1

Una calle estrecha y desierta en profunda sombra, casas altas, innumerables ventanas con persianas venecianas, un silencio sepulcral, hierba brotando entre las piedras, imponentes arcos de carruajes a derecha e izquierda, inmensas puertas dobles que se alzaban pesadamente entreabiertas.

I slipped through one of these cracks, went up a swept and ungarnished staircase, as arid as a desert, and opened the first door I came to. 22.2

Me colé por una de estas rendijas, subí por una escalera barrida y sin barniz, árida como un desierto, y abrí la primera puerta a la que llegué.

Two women, one fat and the other slim, sat on straw-bottomed chairs, knitting black wool. 22.3

Dos mujeres, una gorda y la otra delgada, estaban sentadas en sillas con fondo de paja, tejiendo lana negra.

The slim one got up and walked straight at me - 22.4

La delgada se levantó y caminó directamente hacia mí -

still knitting with downcast eyes - 22.5

siguiendo tejiendo con los ojos bajos -

22.6 and only just as I began to think of getting out of her way, as you would for a somnambulist, stood still, and looked up.

y sólo cuando empecé a pensar en apartarme de su camino, como se haría con un sonámbulo, se detuvo y levantó la vista.

22.7 Her dress was as plain as an umbrella-cover,

Su vestido era tan sencillo como la funda de un paraguas,

22.8 and she turned round without a word and preceded me into a waiting-room.

se dio la vuelta sin decir palabra y me precedió hasta una sala de espera.

22.9 I gave my name, and looked about.

Di mi nombre y miré a mi alrededor.

22.10 Deal table in the middle, plain chairs all round the walls, on one end a large shining map, marked with all the colours of a rainbow.

Había una mesa en el centro, sillas sencillas alrededor de las paredes y, en un extremo, un gran mapa brillante, marcado con todos los colores del arco iris.

22.11 There was a vast amount of red -

Había una gran cantidad de rojo -

22.12 good to see at any time, because one knows that some real work is done in there, a deuce of a lot of blue, a little green, smears of orange, and, on the East Coast, a purple patch, to show where the jolly pioneers of progress drink the jolly lager-beer.

algo bueno de ver en cualquier momento, porque uno sabe que allí se trabaja de verdad-, un montón de azul, un poco de verde, manchas de naranja y, en la costa este, una mancha púrpura, para mostrar dónde beben la alegre cerveza lager los alegres pioneros del progreso.

However, I wasn't going into any of these.
Sin embargo, yo no iba a ir a ninguno de ellos.

I was going into the yellow. Dead in the centre.
Iba al amarillo. En el centro.

And the river was there — fascinating — deadly — like a snake.
Y el río estaba allí - fascinante - muerto como una serpiente.

Ough!
¡Ay!

A door opened, a white-haired secretarial head, but wearing a compassionate expression, appeared, and a skinny forefinger beckoned me into the sanctuary.
Se abrió una puerta, apareció una secretaria de pelo blanco, pero con expresión compasiva, y un dedo índice flaco me hizo señas para que entrara en el santuario.

Its light was dim, and a heavy writing-desk squatted in the middle.
La luz era tenue y en el centro había un pesado escritorio.

From behind that structure came out an impression of pale plumpness in a frock-coat.
De detrás de aquella estructura surgió una impresión de pálida gordura vestida con un guardapolvo.

The great man himself.
El gran hombre en persona.

He was five feet six, I should judge, and had his grip on the handle-end of ever so many millions.
Medía un metro sesenta, a mi juicio, y tenía en la mano la empuñadura de muchos millones.

22.22 He shook hands, I fancy, murmured vaguely, was satisfied with my French.

Me imagino que me estrechó la mano, murmuró vagamente, quedó satisfecho con mi francés.

22.23 Bon Voyage.

Buen viaje.

23.1 In about forty-five seconds I found myself again in the waiting-room with the compassionate secretary, who, full of desolation and sympathy, made me sign some document.

En unos cuarenta y cinco segundos me encontraba de nuevo en la sala de espera con la compasiva secretaria, quien, llena de desolación y simpatía, me hizo firmar algún documento.

23.2 I believe I undertook amongst other things not to disclose any trade secrets.

Creo que me comprometí, entre otras cosas, a no revelar ningún secreto comercial.

23.3 Well, I am not going to.

Pues bien, no voy a hacerlo.

24.1 I began to feel slightly uneasy.

Empecé a sentirme un poco incómodo.

24.2 You know I am not used to such ceremonies,

Usted sabe que no estoy acostumbrado a este tipo de ceremonias,

24.3 and there was something ominous in the atmosphere.

y había algo siniestro en el ambiente.

It was just as though I had been let into some
conspiracy — I don't know — something not quite
right; and I was glad to get out.

Era como si me hubieran hecho partícipe de una
conspiración, no sé, algo que no estaba del todo bien, y
me alegré de salir de allí.

24.4

In the outer room the two women knitted black wool
feverishly.

En la sala exterior, las dos mujeres tejían lana negra
febrilmente.

24.5

People were arriving,

Iba llegando gente,

24.6

and the younger one was walking back and forth
introducing them.

y la más joven caminaba de un lado a otro presentándolas.

24.7

The old one sat on her chair.

La anciana estaba sentada en su silla.

24.8

Her flat cloth slippers were propped up on a foot-
warmer, and a cat reposed on her lap.

Sus zapatillas planas de tela estaban apoyadas en un
calientapiés y un gato reposaba en su regazo.

24.9

She wore a starched white affair on her head, had
a wart on one cheek, and silver-rimmed spectacles
hung on the tip of her nose.

Llevaba un pañuelo blanco almidonado en la cabeza,
tenía una verruga en una mejilla y unas gafas de montura
plateada colgaban de la punta de su nariz.

24.10

She glanced at me above the glasses.

Me miró por encima de las gafas.

24.11

24.12 **The swift and indifferent placidity of that look troubled me.**
La rápida e indiferente placidez de aquella mirada me turbó.

24.13 **Two youths with foolish and cheery countenances were being piloted over,**
Dos jóvenes con semblantes tontos y alegres estaban siendo conducidos,

24.14 **and she threw at them the same quick glance of unconcerned wisdom.**
y ella les lanzó la misma rápida mirada de despreocupada sabiduría.

24.15 **She seemed to know all about them and about me, too.**
Parecía saberlo todo sobre ellos y también sobre mí.

24.16 **An eerie feeling came over me.**
Me invadió una sensación inquietante.

24.17 **She seemed uncanny and fateful.**
Parecía misteriosa y fatídica.

24.18 **Often far away there I thought of these two, guarding the door of Darkness, knitting black wool as for a warm pall, one introducing, introducing continuously to the unknown, the other scrutinizing the cheery and foolish faces with unconcerned old eyes.**
A menudo, allá lejos, pensaba en esas dos, guardando la puerta de las tinieblas, tejiendo lana negra como para un cálido sudario, una presentando, introduciendo continuamente a los desconocidos, la otra escrutando las caras alegres y tontas con ojos viejos y despreocupados.

Ave! Old knitter of black wool. Morituri te salutant. 24.19
¡Ave! Viejo tejedor de lana negra. Morituri te salutant.

Not many of those she looked at ever saw her again — 24.20
not half,
No muchos de aquellos a los que miraba volvían a verla; ni
la mitad,

by a long way. 24.21
ni de lejos.

There was yet a visit to the doctor. 25.1
Todavía quedaba una visita al médico.

'A simple formality,' assured me the secretary, with 25.2
an air of taking an immense part in all my sorrows.
Una simple formalidad," me aseguró el secretario, con aire
de tomar una inmensa parte en todas mis penas.

Accordingly a young chap wearing his hat over the 25.3
left eyebrow, some clerk I suppose — there must have
been clerks in the business, though the house was
as still as a house in a city of the dead — came from
somewhere up-stairs, and led me forth.
En consecuencia, un joven que llevaba el sombrero sobre
la ceja izquierda, un empleado, supongo - debía de haber
empleados en el negocio, aunque la casa estaba tan quieta
como una casa en una ciudad de muertos-, vino de algún
lugar del piso superior y me condujo.

He was shabby and careless, with inkstains on the 25.4
sleeves of his jacket, and his cravat was large and
billowy, under a chin shaped like the toe of an old
boot.
Era desaliñado y descuidado, con manchas de tinta en las
mangas de la chaqueta y un corbatón grande y ondulado
bajo una barbilla con forma de puntera de bota vieja.

25.5 It was a little too early for the doctor, so I proposed a drink, and thereupon he developed a vein of joviality.
Era un poco pronto para el doctor, así que le propuse una copa, y en ese momento le salió una vena de jovialidad.

25.6 As we sat over our vermouths he glorified the Company's business, and by and by I expressed casually my surprise at him not going out there.
Mientras tomábamos el vermú, alabó los negocios de la Compañía y, de vez en cuando, le expresé mi sorpresa por el hecho de que no hubiera salido.

25.7 He became very cool and collected all at once.
Se tranquilizó y se serenó de golpe.

25.8 'I am not such a fool as I look, quoth Plato to his disciples,' he said sententiously, emptied his glass with great resolution, and we rose.
No soy tan tonto como parezco, dijo Platón a sus discípulos," dijo sentenciosamente, vació su vaso con gran resolución y nos levantamos.

26.1 The old doctor felt my pulse,
El viejo doctor me tomó el pulso,

26.2 evidently thinking of something else the while.
pensando evidentemente en otra cosa mientras tanto.

26.3 'Good, good for there,'
'Bien, bien por ahí,'

26.4 he mumbled, and then with a certain eagerness asked me whether I would let him measure my head.
murmuró, y luego, con cierta impaciencia, me preguntó si le dejaría medirme la cabeza.

Rather surprised, I said Yes, when he produced a
thing like calipers and got the dimensions back and
front and every way, taking notes carefully.

Bastante sorprendido, le dije que sí, cuando sacó una cosa
parecida a unos calibradores y tomó las medidas por
detrás y por delante y por todas partes, tomando notas
cuidadosamente.

He was an unshaven little man in a threadbare
coat like a gaberdine, with his feet in slippers, and
I thought him a harmless fool.

Era un hombrecillo sin afeitar, con un abrigo raído como
una gabardina y los pies en zapatillas, y me pareció un
tonto inofensivo.

'I always ask leave, in the interests of science, to
measure the crania of those going out there,'

'Siempre pido permiso, en interés de la ciencia, para medir
los cráneos de los que van allí ,'

he said. 'And when they come back, too?' I asked.

- dijo. '¿Y también cuando vuelven?' le pregunté.

'Oh, I never see them,' he remarked;

'Nunca los veo,' - comentó-;

'and, moreover, the changes take place inside, you
know.'

'Además, los cambios se producen en el interior, ya sabes.'

He smiled, as if at some quiet joke.

Sonrió, como si se tratara de una broma silenciosa.

'So you are going out there. Famous. Interesting,
too.'

'Así que vas a salir. Famoso. Y también interesante.'

26.13 **He gave me a searching glance, and made another note.**
Me echó una mirada escrutadora e hizo otra anotación.

26.14 **'Ever any madness in your family?'**
'¿Alguna vez ha habido locos en tu familia?'

26.15 **he asked, in a matter-of-fact tone. I felt very annoyed.**
me preguntó en tono serio. Me sentí muy molesto.

26.16 **'Is that question in the interests of science, too?'**
'¿Es esa pregunta también en interés de la ciencia?'

26.17 **It would be,' he said, without taking notice of my irritation, 'interesting for science to watch the mental changes of individuals, on the spot, but ...' 'Are you an alienist?'**
Sería interesante para la ciencia,' ijo, sin darse cuenta de mi irritación, 'observar in situ los cambios mentales de los individuos, pero ...' '¿Es usted alienista?'

26.18 **I interrupted. 'Every doctor should be — a little,'**
le interrumpí. 'Todo médico debería serlo un poco,'

26.19 **answered that original, imperturbably.**
respondió aquel original, imperturbable.

26.20 **'I have a little theory which you messieurs who go out there must help me to prove.**
'Tengo una pequeña teoría que ustedes, señores, que van por ahí, deben ayudarme a demostrar.

This is my share in the advantages my country shall reap from the possession of such a magnificent dependency.

Esta es mi parte en las ventajas que mi país obtendrá de la posesión de tan magnífica dependencia.

The mere wealth I leave to others. Pardon my questions,

La mera riqueza se la dejo a otros. Perdone mis preguntas,

but you are the first Englishman coming under my observation ...'

pero usted es el primer inglés que cae bajo mi observación ...'

I hastened to assure him I was not in the least typical.

Me apresuré a asegurarle que no era nada típico.

'If I were,' said I,

'Si lo fuera,' dije,

'I wouldn't be talking like this with you.'

'no estaría hablando así con usted.'

'What you say is rather profound, and probably erroneous,'

'Lo que dices es bastante profundo, y probablemente erróneo,'

he said, with a laugh.

dijo riendo.

'Avoid irritation more than exposure to the sun. Adieu.

Evita la irritación más que la exposición al sol. Adiós.

26.30 How do you English say, eh? Good-bye. Ah! Good-bye. Adieu.

¿Cómo dicen ustedes los ingleses, eh? Adiós. Aha! Adiós. Adieu.

26.31 In the tropics one must before everything keep calm.

En los trópicos uno debe ante todo mantener la calma.

26.32 '...He lifted a warning forefinger ...'Du calme, du calme.'

'...Levantó un índice de advertencia ...'Du calme, du calme.'

27.1 One thing more remained to do — say good-bye to my excellent aunt.

Sólo me quedaba una cosa por hacer: despedirme de mi excelente tía.

27.2 I found her triumphant. I had a cup of tea -

La encontré triunfante. Tomé una taza de té -

27.3 the last decent cup of tea for many days -

la última taza de té decente en muchos días -

27.4 and in a room that most soothingly looked just as you would expect a lady's drawing-room to look,

y en una habitación que tenía el aspecto relajante que cabría esperar del salón de una dama,

27.5 we had a long quiet chat by the fireside.

mantuvimos una larga y tranquila conversación junto a la chimenea.

In the course of these confidences it became quite   27.6
plain to me I had been represented to the wife of
the high dignitary, and goodness knows to how
many more people besides, as an exceptional and
gifted creature — a piece of good fortune for the
Company — a man you don't get hold of every day.

En el curso de estas confidencias me quedó muy claro que
yo había sido presentado a la esposa del alto dignatario,
y Dios sabe a cuántas personas más, como una criatura
excepcional y dotada, una pieza de buena fortuna para la
Compañía, un hombre que no se encuentra todos los días.

Good heavens!   27.7
¡Cielo santo!

and I was going to take charge of a two-penny-   27.8
half-penny river-steamboat with a penny whistle
attached!

¡Y yo que iba a hacerme cargo de un barco de vapor de dos
peniques y medio con un silbato de un penique!

It appeared, however, I was also one of the Workers,   27.9
with a capital — you know.

Parecía, sin embargo, que yo era también uno de los
Obreros, con mayúscula, ya sabe.

Something like an emissary of light,   27.10
Algo así como un emisario de la luz,

something like a lower sort of apostle.   27.11
una especie de apóstol inferior.

27.12 There had been a lot of such rot let loose in print and talk just about that time, and the excellent woman, living right in the rush of all that humbug, got carried off her feet.

En aquella época se había difundido mucho de aquella podredumbre en la prensa y en las conversaciones, y la excelente mujer, que vivía en medio de toda aquella patraña, se dejó llevar por ella.

27.13 She talked about

Habló de

27.14 'weaning those ignorant millions from their horrid ways,'

"destetar a esos millones de ignorantes de sus horribles costumbres,"

27.15 till, upon my word, she made me quite uncomfortable.

hasta que me hizo sentir bastante incómodo.

27.16 I ventured to hint that the Company was run for profit.

Me aventuré a insinuar que la Compañía se dirigía con ánimo de lucro.

28.1 'You forget, dear Charlie, that the labourer is worthy of his hire,' she said, brightly.

Olvidas, querido Charlie, que el jornalero es digno de su salario - dijo ella, alegremente-.

28.2 It's queer how out of touch with truth women are.

Es extraño lo alejadas que están las mujeres de la verdad.

They live in a world of their own, and there has never been anything like it, and never can be. 28.3
Viven en un mundo propio que nunca ha existido ni podrá existir.

It is too beautiful altogether, 28.4
Es demasiado bello en conjunto,

and if they were to set it up it would go to pieces before the first sunset. 28.5
y si ellas lo construyeran se haría pedazos antes de la primera puesta de sol.

Some confounded fact we men have been living contentedly with ever since the day of creation would start up and knock the whole thing over. 28.6
Algún hecho confuso con el que los hombres hemos estado viviendo contentos desde el día de la creación se pondría en marcha y lo derribaría todo.

After this I got embraced, told to wear flannel, be sure to write often, and so on — and I left. 29.1
Después me abrazaron, me dijeron que me pusiera franela, que escribiera a menudo, etc., y me fui.

In the street — I don't know why — a queer feeling came to me that I was an imposter. 29.2
En la calle, no sé por qué, tuve la extraña sensación de ser un impostor.

29.3 Odd thing that I, who used to clear out for any part of the world at twenty-four hours' notice, with less thought than most men give to the crossing of a street, had a moment — I won't say of hesitation, but of startled pause, before this commonplace affair.

Resultaba extraño que yo, que solía salir para cualquier parte del mundo con veinticuatro horas de antelación, con menos reflexión de la que la mayoría de los hombres dan al cruzar una calle, tuviera un momento, no diré de vacilación, sino de pausa sorprendida, ante este asunto tan corriente.

29.4 The best way I can explain it to you is by saying that, for a second or two, I felt as though, instead of going to the centre of a continent, I were about to set off for the centre of the earth.

La mejor manera en que puedo explicárselo es diciendo que, durante uno o dos segundos, sentí como si, en lugar de ir al centro de un continente, estuviera a punto de partir hacia el centro de la tierra.

30.1 I left in a French steamer, and she called in every blamed port they have out there, for, as far as I could see, the sole purpose of landing soldiers and custom-house officers.

Partí en un vapor francés, que hizo escala en todos los puertos de mala fama que tienen por allí, con el único propósito, por lo que pude ver, de desembarcar soldados y funcionarios de aduanas.

30.2 I watched the coast.

Observé la costa.

30.3 Watching a coast as it slips by the ship is like thinking about an enigma.

Observar una costa mientras se desliza junto al barco es como pensar en un enigma.

There it is before you — smiling, frowning, inviting, grand, mean, insipid, or savage, and always mute with an air of whispering,

Ahí está ante ti: sonriente, ceñuda, acogedora, grandiosa, mezquina, insípida o salvaje, y siempre muda con un aire de susurro,

'Come and find out.'

"Ven y descúbrelo."

This one was almost featureless, as if still in the making, with an aspect of monotonous grimness.

Éste casi no tenía rasgos, como si aún estuviera en ciernes, con un aspecto monótonamente sombrío.

The edge of a colossal jungle, so dark-green as to be almost black, fringed with white surf, ran straight, like a ruled line, far, far away along a blue sea whose glitter was blurred by a creeping mist.

El borde de una selva colosal, de un verde tan oscuro que era casi negro, bordeado de olas blancas, corría recto, como una línea reglada, muy, muy lejos, a lo largo de un mar azul cuyo brillo estaba difuminado por una niebla que se arrastraba.

The sun was fierce,

El sol era feroz,

the land seemed to glisten and drip with steam.

la tierra parecía brillar y chorrear vapor.

Here and there greyish-whitish specks showed up clustered inside the white surf,

Aquí y allá asomaban motas gris blanquecinas agrupadas dentro del oleaje blanco,

with a flag flying above them perhaps.

con una bandera ondeando sobre ellas tal vez.

30.12 Settlements some centuries old,
Asentamientos con siglos de antigüedad,

30.13 and still no bigger than pinheads on the untouched expanse of their background.
que no eran más que cabezas de alfiler en la extensión virgen de su fondo.

30.14 We pounded along, stopped, landed soldiers;
Avanzamos a golpes, nos detuvimos, desembarcamos soldados;

30.15 went on, landed custom-house clerks to levy toll in what looked like a God-forsaken wilderness, with a tin shed and a flag-pole lost in it;
continuamos, desembarcamos empleados de aduanas para cobrar peaje en lo que parecía un desierto olvidado de Dios, con un cobertizo de hojalata y un asta de bandera perdida en él;

30.16 landed more soldiers — to take care of the custom-house clerks,
desembarcamos más soldados para cuidar de los empleados de aduanas,

30.17 presumably. Some, I heard, got drowned in the surf;
presumiblemente. Algunos, según oí, se ahogaron en el oleaje;

30.18 but whether they did or not, nobody seemed particularly to care.
pero nadie parecía preocuparse de si lo hicieron o no.

30.19 They were just flung out there, and on we went.
Los arrojaron allí, y nosotros seguimos.

Every day the coast looked the same, 30.20
Todos los días la costa tenía el mismo aspecto,

as though we had not moved; 30.21
como si no nos hubiéramos movido;

but we passed various places - trading places - 30.22
pero pasamos por varios lugares - lugares de comercio -

with names like Gran' Bassam, Little Popo; 30.23
con nombres como Gran' Bassam, Pequeño Popo;

names that seemed to belong to some sordid farce 30.24
acted in front of a sinister back-cloth.
nombres que parecían pertenecer a alguna sórdida farsa
representada ante un siniestro telón de fondo.

The idleness of a passenger, my isolation amongst 30.25
all these men with whom I had no point of contact,
the oily and languid sea, the uniform sombreness of
the coast, seemed to keep me away from the truth of
things, within the toil of a mournful and senseless
delusion.
La ociosidad de un pasajero, mi aislamiento entre todos
aquellos hombres con los que no tenía ningún punto
de contacto, el mar aceitoso y lánguido, la sombría
uniformidad de la costa, parecían mantenerme alejado
de la verdad de las cosas, dentro de la fatiga de un delirio
lúgubre y sin sentido.

The voice of the surf heard now and then was a 30.26
positive pleasure,
La voz del oleaje que se oía de vez en cuando era un placer
positivo,

like the speech of a brother. 30.27
como el habla de un hermano.

30.28 **It was something natural, that had its reason, that had a meaning.**
Era algo natural, que tenía su razón, que tenía un sentido.

30.29 **Now and then a boat from the shore gave one a momentary contact with reality.**
De vez en cuando, una barca desde la orilla le daba a uno un contacto momentáneo con la realidad.

30.30 **It was paddled by black fellows.**
La remaban unos tipos negros.

30.31 **You could see from afar the white of their eyeballs glistening.**
Desde lejos se veía brillar el blanco de sus ojos.

30.32 **They shouted, sang; their bodies streamed with perspiration;**
Gritaban, cantaban; sus cuerpos chorreaban sudor;

30.33 **they had faces like grotesque masks — these chaps;**
tenían rostros como máscaras grotescas, esos tipos;

30.34 **but they had bone, muscle, a wild vitality, an intense energy of movement, that was as natural and true as the surf along their coast.**
pero tenían huesos, músculos, una vitalidad salvaje, una intensa energía de movimiento, que era tan natural y verdadera como el oleaje de su costa.

30.35 **They wanted no excuse for being there.**
No querían excusas para estar allí.

30.36 **They were a great comfort to look at.**
Era reconfortante mirarlos.

For a time I would feel I belonged still to a world of straightforward facts; but the feeling would not last long. 30.37

Durante un tiempo sentía que aún pertenecía a un mundo de hechos sencillos, pero esa sensación no duraba mucho.

Something would turn up to scare it away. 30.38

Algo aparecía para ahuyentarla.

Once, I remember, we came upon a man-of-war anchored off the coast. 30.39

Recuerdo que una vez nos encontramos con un buque de guerra anclado frente a la costa.

There wasn't even a shed there, 30.40

Ni siquiera había un cobertizo allí,

and she was shelling the bush. 30.41

y estaba bombardeando el monte.

It appears the French had one of their wars going on thereabouts. 30.42

Al parecer, los franceses estaban librando una de sus guerras por allí.

Her ensign dropped limp like a rag; 30.43

Su enseña caía fláccida como un trapo;

the muzzles of the long six-inch guns stuck out all over the low hull; 30.44

las bocas de los largos cañones de seis pulgadas sobresalían por todo el bajo casco;

the greasy, slimy swell swung her up lazily and let her down, swaying her thin masts. 30.45

el oleaje grasiento y viscoso lo levantaba perezosamente y lo dejaba caer, balanceando sus delgados mástiles.

30.46 **In the empty immensity of earth, sky, and water, there she was, incomprehensible, firing into a continent.**
En la inmensidad vacía de tierra, cielo y agua, allí estaba, incomprensible, disparando a un continente.

30.47 **Pop, would go one of the six-inch guns;**
Estallaba uno de los cañones de seis pulgadas;

30.48 **a small flame would dart and vanish, a little white smoke would disappear, a tiny projectile would give a feeble screech — and nothing happened.**
una pequeña llama se lanzaba y se desvanecía, un poco de humo blanco desaparecía, un diminuto proyectil emitía un débil chirrido — y no ocurría nada.

30.49 **Nothing could happen.**
No podía ocurrir nada.

30.50 **There was a touch of insanity in the proceeding,**
Había un toque de locura en el procedimiento,

30.51 **a sense of lugubrious drollery in the sight;**
una sensación de lúgubre bufonada en la visión;

30.52 **and it was not dissipated by somebody on board assuring me earnestly there was a camp of natives -**
y no se disipó cuando alguien a bordo me aseguró seriamente que había un campamento de nativos -

30.53 **he called them enemies!**
¡él los llamaba enemigos!

30.54 **– hidden out of sight somewhere.**
– escondido fuera de la vista en alguna parte.

We gave her her letters (I heard the men in that lonely ship were dying of fever at the rate of three a day) and went on.   31.1

Le dimos sus cartas (oí que los hombres de aquel solitario barco morían de fiebre a razón de tres al día) y seguimos adelante.

We called at some more places with farcical names,   31.2

Nos detuvimos en algunos lugares más con nombres farsescos,

where the merry dance of death and trade goes on in a still and earthy atmosphere as of an overheated catacomb;   31.3

donde la alegre danza de la muerte y el comercio se desarrolla en una atmósfera quieta y terrosa como la de una catacumba recalentada;

all along the formless coast bordered by dangerous surf, as if Nature herself had tried to ward off intruders;   31.4

a lo largo de toda la costa sin forma, bordeada por un oleaje peligroso, como si la Naturaleza misma hubiera intentado ahuyentar a los intrusos;

in and out of rivers, streams of death in life, whose banks were rotting into mud, whose waters, thickened into slime, invaded the contorted mangroves, that seemed to writhe at us in the extremity of an impotent despair.   31.5

dentro y fuera de los ríos, corrientes de muerte en vida, cuyas orillas se estaban pudriendo hasta convertirse en lodo, cuyas aguas, espesadas hasta el limo, invadían los contorsionados manglares, que parecían retorcerse ante nosotros en el extremo de una impotente desesperación.

31.6 Nowhere did we stop long enough to get a particularized impression,

En ningún lugar nos detuvimos el tiempo suficiente para obtener una impresión particularizada,

31.7 but the general sense of vague and oppressive wonder grew upon me.

pero la sensación general de vaga y opresiva maravilla se apoderó de mí.

31.8 It was like a weary pilgrimage amongst hints for nightmares.

Era como una fatigosa peregrinación entre indicios de pesadillas.

32.1 It was upward of thirty days before I saw the mouth of the big river.

Pasaron más de treinta días antes de que viera la desembocadura del gran río.

32.2 We anchored off the seat of the government.

Anclamos frente a la sede del gobierno.

32.3 But my work would not begin till some two hundred miles farther on.

Pero mi trabajo no empezaría hasta unas doscientas millas más allá.

32.4 So as soon as I could I made a start for a place thirty miles higher up.

Así que tan pronto como pude me dirigí a un lugar treinta millas más arriba.

33.1 I had my passage on a little sea-going steamer.

Tenía mi pasaje en un pequeño barco de vapor.

Her captain was a Swede, and knowing me for a seaman, invited me on the bridge.

33.2

Su capitán era sueco y, conociéndome como marinero, me invitó a subir al puente.

He was a young man, lean, fair, and morose, with lanky hair and a shuffling gait.

33.3

Era un hombre joven, delgado, rubio y malhumorado, con el pelo larguirucho y andaba arrastrando los pies.

As we left the miserable little wharf,

33.4

Cuando salimos del pequeño y miserable muelle,

he tossed his head contemptuously at the shore.

33.5

miró despectivamente hacia la orilla.

'Been living there?' he asked. I said,

33.6

'¿Has estado viviendo allí?' me preguntó. Le contesté,

'Yes.'

33.7

'Sí.'

'Fine lot these government chaps — are they not?'

33.8

'Estos tipos del gobierno son un buen grupo, ¿verdad?'

he went on, speaking English with great precision and considerable bitterness.

33.9

continuó hablando en inglés con gran precisión y considerable amargura.

'It is funny what some people will do for a few francs a month.

33.10

Es curioso lo que algunas personas hacen por unos pocos francos al mes.

33.11 I wonder what becomes of that kind when it goes upcountry?'
Me pregunto qué será de esa clase de gente cuando llegue al interior del país?"

33.12 I said to him I expected to see that soon.
Le dije que esperaba verlo pronto.

33.13 'So-o-o!' he exclaimed. He shuffled athwart,
exclamó. Arrastró los pies,

33.14 keeping one eye ahead vigilantly.
manteniendo vigilante un ojo hacia delante.

33.15 'Don't be too sure,' he continued.
No estés tan seguro,' continuó.

33.16 'The other day I took up a man who hanged himself on the road.
'El otro día recogí a un hombre que se ahorcó en la carretera.

33.17 He was a Swede, too.'
También era sueco.'

33.18 'Hanged himself! Why, in God's name?' I cried.
'¡Se ahorcó! ¿Por qué, en nombre de Dios?' grité.

33.19 He kept on looking out watchfully. 'Who knows?
Siguió mirando atentamente. '¿Quién sabe?

33.20 The sun too much for him, or the country perhaps.'
El sol era demasiado para él, o tal vez el campo.'

34.1 At last we opened a reach.
Por fin abrimos un tramo.

A rocky cliff appeared, mounds of turned-up earth by the shore, houses on a hill, others with iron roofs, amongst a waste of excavations, or hanging to the declivity.

34.2

Apareció un acantilado rocoso, montículos de tierra removida junto a la orilla, casas sobre una colina, otras con tejados de hierro, entre un despojo de excavaciones, o colgadas del declive.

A continuous noise of the rapids above hovered over this scene of inhabited devastation.

34.3

El ruido continuo de los rápidos se cernía sobre esta escena de devastación habitada.

A lot of people, mostly black and naked, moved about like ants.

34.4

Mucha gente, en su mayoría negra y desnuda, se movía como hormigas.

A jetty projected into the river.

34.5

Un embarcadero se proyectaba en el río.

A blinding sunlight drowned all this at times in a sudden recrudescence of glare.

34.6

Una luz solar cegadora ahogaba todo esto a veces en un repentino recrudecimiento del resplandor.

'There's your Company's station,' said the Swede, pointing to three wooden barrack-like structures on the rocky slope.

34.7

Allí está el puesto de su compañía - dijo el sueco, señalando tres estructuras de madera en forma de barracón en la ladera rocosa-.

'I will send your things up. Four boxes did you say? So.

34.8

Enviaré sus cosas arriba. ¿Ha dicho cuatro cajas? Sí.

34.9 **Farewell.'**
Adiós.'

35.1 **I came upon a boiler wallowing in the grass, then found a path leading up the hill.**
Me topé con una caldera revolcándose en la hierba y luego encontré un camino que subía por la colina.

35.2 **It turned aside for the boulders,**
Me desvié por los peñascos,

35.3 **and also for an undersized railway-truck lying there on its back with its wheels in the air.**
y también por un camión de ferrocarril de pequeño tamaño que yacía de espaldas con las ruedas en el aire.

35.4 **One was off.**
Uno de ellos estaba apagado.

35.5 **The thing looked as dead as the carcass of some animal.**
Parecía tan muerto como el cadáver de un animal.

35.6 **I came upon more pieces of decaying machinery,**
Me topé con más piezas de maquinaria en descomposición,

35.7 **a stack of rusty rails.**
una pila de raíles oxidados.

35.8 **To the left a clump of trees made a shady spot, where dark things seemed to stir feebly.**
A la izquierda, un grupo de árboles formaba un lugar sombrío, donde cosas oscuras parecían agitarse débilmente.

35.9 **I blinked, the path was steep.**
Parpadeé, el camino era empinado.

A horn tooted to the right, and I saw the black people run. 35.10
Un claxon sonó a la derecha y vi correr a los negros.

A heavy and dull detonation shook the ground, a puff of smoke came out of the cliff, and that was all. 35.11
Una fuerte y sorda detonación sacudió el suelo, una bocanada de humo salió del acantilado, y eso fue todo.

No change appeared on the face of the rock. 35.12
Ningún cambio apareció en la cara de la roca.

They were building a railway. 35.13
Estaban construyendo un ferrocarril.

The cliff was not in the way or anything; 35.14
El acantilado no estorbaba ni nada;

but this objectless blasting was all the work going on. 35.15
pero esta voladura sin objeto era todo el trabajo que se estaba realizando.

A slight clinking behind me made me turn my head. 36.1
Un ligero tintineo detrás de mí me hizo volver la cabeza.

Six black men advanced in a file, toiling up the path. 36.2
Seis hombres negros avanzaban en fila por el sendero.

They walked erect and slow, balancing small baskets full of earth on their heads, and the clink kept time with their footsteps. 36.3
Caminaban erguidos y despacio, balanceando sobre sus cabezas pequeños cestos llenos de tierra, y el tintineo seguía el ritmo de sus pasos.

Black rags were wound round their loins, 36.4
Llevaban harapos negros enrollados alrededor de los lomos,

36.5 and the short ends behind waggled to and fro like tails.

y los extremos cortos se agitaban de un lado a otro como colas.

36.6 I could see every rib,

Podía ver cada costilla,

36.7 the joints of their limbs were like knots in a rope;

las articulaciones de sus miembros eran como nudos de una cuerda;

36.8 each had an iron collar on his neck, and all were connected together with a chain whose bights swung between them, rhythmically clinking.

cada uno tenía un collar de hierro en el cuello, y todos estaban unidos por una cadena cuyos eslabones oscilaban entre ellos, tintineando rítmicamente.

36.9 Another report from the cliff made me think suddenly of that ship of war I had seen firing into a continent.

Otro ruido procedente del acantilado me hizo pensar de pronto en aquel buque de guerra que había visto disparar contra un continente.

36.10 It was the same kind of ominous voice;

Era el mismo tipo de voz ominosa;

36.11 but these men could by no stretch of imagination be called enemies.

pero a estos hombres no se les podía llamar enemigos ni por asomo.

They were called criminals, and the outraged law, like the bursting shells, had come to them, an insoluble mystery from the sea.

Se les llamaba criminales, y la ley ultrajada, como los proyectiles que estallaban, había llegado hasta ellos, un misterio insoluble desde el mar.

All their meagre breasts panted together, the violently dilated nostrils quivered, the eyes stared stonily uphill.

Todos sus escasos pechos jadeaban al unísono, las fosas nasales violentamente dilatadas temblaban, los ojos miraban pétreamente hacia arriba.

They passed me within six inches, without a glance, with that complete, deathlike indifference of unhappy savages.

Me pasaron a menos de quince centímetros, sin una mirada, con esa indiferencia completa y mortecina de los infelices salvajes.

Behind this raw matter one of the reclaimed, the product of the new forces at work, strolled despondently, carrying a rifle by its middle.

Detrás de esta materia prima, uno de los reclamados, producto de las nuevas fuerzas en acción, paseaba abatido, llevando un fusil por el medio.

He had a uniform jacket with one button off, and seeing a white man on the path, hoisted his weapon to his shoulder with alacrity.

Llevaba la chaqueta del uniforme desabrochada con un botón, y al ver a un hombre blanco en el camino, se alzó el arma al hombro con presteza.

This was simple prudence,

Se trataba de simple prudencia,

36.18 white men being so much alike at a distance that he
could not tell who I might be.
pues los hombres blancos se parecen tanto a distancia que
él no podía saber quién podía ser.

36.19 He was speedily reassured, and with a large, white,
rascally grin, and a glance at his charge, seemed to
take me into partnership in his exalted trust.
Rápidamente se tranquilizó, y con una gran sonrisa blanca
y bribona, y una mirada a su protegido, pareció aceptarme
como socio en su exaltada confianza.

36.20 After all,
Después de todo,

36.21 I also was a part of the great cause of these high and
just proceedings.
yo también formaba parte de la gran causa de estos
elevados y justos procedimientos.

37.1 Instead of going up, I turned and descended to the
left.
En lugar de subir, giré y descendí hacia la izquierda.

37.2 My idea was to let that chain-gang get out of sight
before I climbed the hill.
Mi idea era perder de vista a ese grupo de cadenas antes de
subir la colina.

37.3 You know I am not particularly tender;
Usted sabe que no soy particularmente tierno;

37.4 I've had to strike and to fend off.
he tenido que golpear y rechazar.

37.5 I've had to resist and to attack sometimes -
He tenido que resistir y atacar a veces -

that's only one way of resisting -

37.6

ésa es sólo una manera de resistir -

without counting the exact cost,

37.7

sin contar el coste exacto,

according to the demands of such sort of life as I had blundered into.

37.8

de acuerdo con las exigencias del tipo de vida en el que me había metido.

I've seen the devil of violence, and the devil of greed, and the devil of hot desire;

37.9

He visto el demonio de la violencia, y el demonio de la codicia, y el demonio del deseo ardiente;

but, by all the stars!

37.10

pero, ¡por todas las estrellas!

these were strong, lusty, red-eyed devils, that swayed and drove men — men, I tell you.

37.11

éstos eran demonios fuertes, lujuriosos, de ojos rojos, que se balanceaban y conducían a los hombres-hombres, se lo aseguro.

But as I stood on this hillside, I foresaw that in the blinding sunshine of that land I would become acquainted with a flabby, pretending, weak-eyed devil of a rapacious and pitiless folly.

37.12

Pero mientras me hallaba en esta ladera, preveía que bajo el sol cegador de aquella tierra conocería a un diablo flácido, fingido, de ojos débiles, de una locura rapaz y despiadada.

How insidious he could be, too, I was only to find out several months later and a thousand miles farther.

37.13

Lo insidioso que podía llegar a ser, además, sólo lo descubriría varios meses después y a mil millas de distancia.

37.14 **For a moment I stood appalled, as though by a warning.**
Por un momento me quedé de pie, horrorizado, como por una advertencia.

37.15 **Finally I descended the hill, obliquely, towards the trees I had seen.**
Finalmente descendí la colina, oblicuamente, hacia los árboles que había visto.

38.1 **I avoided a vast artificial hole somebody had been digging on the slope,**
Evité un enorme agujero artificial que alguien había estado cavando en la ladera,

38.2 **the purpose of which I found it impossible to divine.**
cuyo propósito me resultó imposible adivinar.

38.3 **It wasn't a quarry or a sandpit, anyhow.**
En cualquier caso, no era una cantera ni un arenal.

38.4 **It was just a hole.**
Era sólo un agujero.

38.5 **It might have been connected with the philanthropic desire of giving the criminals something to do.**
Puede que estuviera relacionado con el deseo filantrópico de dar a los criminales algo que hacer.

38.6 **I don't know.**
No lo sé.

38.7 **Then I nearly fell into a very narrow ravine,**
Luego estuve a punto de caer en un barranco muy estrecho,

38.8 **almost no more than a scar in the hillside.**
casi no más que una cicatriz en la ladera.

I discovered that a lot of imported drainage-pipes for the settlement had been tumbled in there.

38.9

Descubrí que allí habían caído muchas tuberías de desagüe importadas para el asentamiento.

There wasn't one that was not broken.

38.10

No había ninguna que no estuviera rota.

It was a wanton smash-up. At last I got under the trees.

38.11

Era una destrucción gratuita. Por fin llegué bajo los árboles.

My purpose was to stroll into the shade for a moment; but no sooner within than it seemed to me I had stepped into the gloomy circle of some Inferno.

38.12

Mi propósito era pasear un momento a la sombra, pero nada más entrar me pareció que había entrado en el sombrío círculo de algún infierno.

The rapids were near, and an uninterrupted, uniform, headlong, rushing noise filled the mournful stillness of the grove, where not a breath stirred, not a leaf moved, with a mysterious sound — as though the tearing pace of the launched earth had suddenly become audible.

38.13

Los rápidos estaban cerca, y un ruido ininterrumpido, uniforme, precipitado, llenaba la lúgubre quietud de la arboleda, donde ni una respiración se agitaba, ni una hoja se movía, con un sonido misterioso, como si el paso desgarrador de la tierra lanzada se hubiera hecho audible de repente.

39.1 Black shapes crouched, lay, sat between the trees leaning against the trunks, clinging to the earth, half coming out, half effaced within the dim light, in all the attitudes of pain, abandonment, and despair.

Formas negras agazapadas, tumbadas, sentadas entre los árboles apoyadas en los troncos, aferradas a la tierra, medio saliendo, medio borradas en la tenue luz, en todas las actitudes de dolor, abandono y desesperación.

39.2 Another mine on the cliff went off,

Otra mina del acantilado estalló,

39.3 followed by a slight shudder of the soil under my feet.

seguida de un ligero temblor del suelo bajo mis pies.

39.4 The work was going on. The work!

El trabajo continuaba. El trabajo!

39.5 And this was the place where some of the helpers had withdrawn to die.

Y éste era el lugar donde algunos de los ayudantes se habían retirado para morir.

40.1 They were dying slowly — it was very clear.

Estaban muriendo lentamente, estaba muy claro.

40.2 They were not enemies, they were not criminals, they were nothing earthly now — nothing but black shadows of disease and starvation, lying confusedly in the greenish gloom.

No eran enemigos, no eran criminales, no eran nada terrenal ahora, nada más que sombras negras de enfermedad y hambre, que yacían confusamente en la penumbra verdosa.

Brought from all the recesses of the coast in all
the legality of time contracts, lost in uncongenial
surroundings, fed on unfamiliar food, they sickened,
became inefficient, and were then allowed to crawl
away and rest.

40.3

Traídos de todos los rincones de la costa con toda la
legalidad de los contratos temporales, perdidos en
un entorno poco agradable, alimentados con comida
desconocida, enfermaban, se volvían ineficaces y luego
se les permitía arrastrarse y descansar.

These moribund shapes were free as air — and nearly
as thin.

40.4

Estas formas moribundas eran libres como el aire y casi
igual de delgadas.

I began to distinguish the gleam of the eyes under the
trees.

40.5

Empecé a distinguir el brillo de los ojos bajo los árboles.

Then, glancing down, I saw a face near my hand.

40.6

Luego, mirando hacia abajo, vi un rostro cerca de mi mano.

The black bones reclined at full length with one
shoulder against the tree, and slowly the eyelids rose
and the sunken eyes looked up at me, enormous and
vacant, a kind of blind, white flicker in the depths of
the orbs, which died out slowly.

40.7

Los huesos negros se reclinaron en toda su longitud con
un hombro apoyado en el árbol, y lentamente los párpados
se levantaron y los ojos hundidos me miraron, enormes
y vacíos, una especie de parpadeo blanco y ciego en las
profundidades de los orbes, que se extinguió lentamente.

The man seemed young — almost a boy — but you
know with them it's hard to tell.

40.8

El hombre parecía joven, casi un muchacho, pero ya se sabe
que con ellos es difícil saberlo.

40.9 **I found nothing else to do but to offer him one of my good Swede's ship's biscuits I had in my pocket.**

No me quedó más remedio que ofrecerle una de las galletas suecas que llevaba en el bolsillo.

40.10 **The fingers closed slowly on it and held — there was no other movement and no other glance.**

Los dedos se cerraron lentamente sobre ella y la retuvieron; no hubo otro movimiento ni otra mirada.

40.11 **He had tied a bit of white worsted round his neck — Why?**

Se había atado al cuello un trozo de estambre blanco — ¿Por qué?

40.12 **Where did he get it?**

¿De dónde lo había sacado?

40.13 **Was it a badge — an ornament — a charm — a propitiatory act?**

¿Era una insignia, un adorno, un amuleto, un acto propiciatorio?

40.14 **Was there any idea at all connected with it?**

¿Había alguna idea relacionada con ello?

40.15 **It looked startling round his black neck, this bit of white thread from beyond the seas.**

Aquel trozo de hilo blanco de allende los mares resultaba sorprendente alrededor de su cuello negro.

41.1 **Near the same tree two more bundles of acute angles sat with their legs drawn up.**

Cerca del mismo árbol, otros dos fardos de ángulos agudos estaban sentados con las piernas recogidas.

One, with his chin propped on his knees, stared at
nothing, in an intolerable and appalling manner:

Uno, con la barbilla apoyada en las rodillas, miraba
fijamente a la nada, de un modo intolerable y espantoso:

his brother phantom rested its forehead,

su hermano fantasma apoyaba la frente,

as if overcome with a great weariness;

como vencido por un gran cansancio;

and all about others were scattered in every pose of
contorted collapse,

y a su alrededor se esparcían otros en todas las poses de
contorsionado colapso,

as in some picture of a massacre or a pestilence.

como en algún cuadro de una masacre o una peste.

While I stood horror-struck, one of these creatures
rose to his hands and knees, and went off on all-fours
towards the river to drink.

Mientras yo permanecía horrorizado, una de estas
criaturas se levantó sobre sus manos y rodillas y se dirigió a
cuatro patas hacia el río para beber.

He lapped out of his hand, then sat up in the sunlight,
crossing his shins in front of him, and after a time let
his woolly head fall on his breastbone.

Lamió de su mano, luego se sentó a la luz del sol, cruzando
las espinillas por delante, y al cabo de un rato dejó caer su
lanosa cabeza sobre el esternón.

I didn't want any more loitering in the shade, and I
made haste towards the station.

No quise seguir holgazaneando a la sombra y me apresuré
hacia la estación.

42.2 When near the buildings I met a white man,
Cuando estaba cerca de los edificios me encontré con un
hombre blanco,

42.3 in such an unexpected elegance of get-up that in the
first moment I took him for a sort of vision.
con una elegancia de atuendo tan inesperada que en el
primer momento lo tomé por una especie de visión.

42.4 I saw a high starched collar, white cuffs, a light
alpaca jacket, snowy trousers, a clean necktie, and
varnished boots.
Vi un cuello alto almidonado, puños blancos, una chaqueta
de alpaca clara, pantalones nevados, una corbata limpia y
botas barnizadas.

42.5 No hat.
Sin sombrero.

42.6 Hair parted, brushed, oiled, under a green-lined
parasol held in a big white hand.
Pelo desfilado, cepillado, aceitado, bajo una sombrilla
forrada de verde sostenida por una gran mano blanca.

42.7 He was amazing, and had a penholder behind his ear.
Era asombroso, y llevaba un portaplumas detrás de la oreja.

43.1 I shook hands with this miracle, and I learned he
was the Company's chief accountant, and that all the
book-keeping was done at this station.
Le estreché la mano y supe que era el contable jefe de la
compañía y que toda la contabilidad se llevaba en esta
estación.

43.2 He had come out for a moment, he said,
Había salido un momento, dijo,

'to get a breath of fresh air.'
"para respirar aire fresco."

The expression sounded wonderfully odd,
La expresión sonaba maravillosamente extraña,

with its suggestion of sedentary desk-life.
con su sugerencia de vida sedentaria de escritorio.

I wouldn't have mentioned the fellow to you at all,
No le habría mencionado a usted a ese hombre,

only it was from his lips that I first heard the name of
the man who is so indissolubly connected with the
memories of that time.
pero fue de sus labios de donde oí por primera vez el
nombre del hombre que está tan indisolublemente unido a
los recuerdos de aquella época.

Moreover, I respected the fellow.
Además, yo respetaba a ese hombre.

Yes; I respected his collars, his vast cuffs, his brushed
hair.
Sí, respetaba sus cuellos, sus amplios puños, su pelo
cepillado.

His appearance was certainly that of a hairdresser's
dummy;
Su aspecto era ciertamente el de un maniquí de peluquería;

but in the great demoralization of the land he kept up
his appearance.
pero en la gran desmoralización del país mantuvo su
apariencia.

43.12 **That's backbone.**
Eso es ser valiente.

43.13 **His starched collars and got-up shirt-fronts were achievements of character.**
Sus cuellos almidonados y sus camisas levantadas eran logros de su carácter.

43.14 **He had been out nearly three years; and, later, I could not help asking him how he managed to sport such linen.**
Llevaba fuera casi tres años y, más tarde, no pude evitar preguntarle cómo se las arreglaba para lucir semejante ropa.

43.15 **He had just the faintest blush, and said modestly,**
Se ruborizó levemente y respondió con modestia:

43.16 **'I've been teaching one of the native women about the station.'**
"He estado enseñando la estación a una de las nativas."

43.17 **It was difficult. She had a distaste for the work.'**
Fue difícil. Le disgustaba el trabajo."

43.18 **Thus this man had verily accomplished something.**
Así pues, aquel hombre había conseguido algo.

43.19 **And he was devoted to his books,**
Y se dedicó a sus libros,

43.20 **which were in apple-pie order.**
que estaban en orden de pastel de manzana.

Everything else in the station was in a muddle — heads, things, buildings. 44.1

Todo lo demás en la estación era un caos: cabezas, cosas, edificios.

Strings of dusty niggers with splay feet arrived and departed; 44.2

Hileras de negros polvorientos con los pies separados entraban y salían;

a stream of manufactured goods, rubbishy cottons, beads, and brass-wire sent into the depths of darkness, and in return came a precious trickle of ivory. 44.3

un torrente de productos manufacturados, algodones de mala calidad, abalorios y alambres de latón eran enviados a las profundidades de la oscuridad, y a cambio llegaba un precioso chorro de marfil.

I had to wait in the station for ten days — an eternity. 45.1

Tuve que esperar en la comisaría diez días, una eternidad.

I lived in a hut in the yard, 45.2

Vivía en una cabaña en el patio,

but to be out of the chaos I would sometimes get into the accountant's office. 45.3

pero para alejarme del caos a veces me metía en el despacho del contable.

45.4 It was built of horizontal planks, and so badly put together that, as he bent over his high desk, he was barred from neck to heels with narrow strips of sunlight.

Estaba construido con tablones horizontales, y tan mal montado que, al inclinarse sobre su alto escritorio, estaba enrejado desde el cuello hasta los talones con estrechas tiras de luz solar.

45.5 There was no need to open the big shutter to see.

No había necesidad de abrir la gran persiana para ver.

45.6 It was hot there, too;

Allí también hacía calor;

45.7 big flies buzzed fiendishly, and did not sting, but stabbed.

grandes moscas zumbaban diabólicamente, y no picaban, sino que apuñalaban.

45.8 I sat generally on the floor, while, of faultless appearance (and even slightly scented), perching on a high stool, he wrote, he wrote.

Yo me sentaba generalmente en el suelo, mientras, de aspecto impecable (e incluso ligeramente perfumado), encaramado en un taburete alto, escribía, escribía.

45.9 Sometimes he stood up for exercise.

A veces se levantaba para hacer ejercicio.

45.10 When a truckle-bed with a sick man (some invalid agent from upcountry) was put in there,

Cuando le ponían allí una camilla con un enfermo (algún agente inválido del interior del país),

45.11 he exhibited a gentle annoyance.

mostraba una suave molestia.

'The groans of this sick person,' he said, 'distract my attention. 45.12

Los gemidos de este enfermo - decía - distraen mi atención.

And without that it is extremely difficult to guard against clerical errors in this climate.' 45.13

Y sin eso es extremadamente difícil evitar errores administrativos en este clima.'

One day he remarked, without lifting his head, 46.1

Un día comentó, sin levantar la cabeza,

'In the interior you will no doubt meet Mr. Kurtz.' 46.2

"En el interior conocerá sin duda al señor Kurtz."

On my asking who Mr. Kurtz was, 46.3

Al preguntarle yo quién era el señor Kurtz,

he said he was a first-class agent; 46.4

me dijo que era un agente de primera clase;

and seeing my disappointment at this information, he added slowly, laying down his pen, 46.5

y al ver mi decepción por esta información, añadió lentamente, dejando la pluma,

'He is a very remarkable person.' 46.6

"Es una persona muy notable."

Further questions elicited from him that Mr. Kurtz was at present in charge of a trading-post, a very important one, in the true ivory-country, at 46.7

Otras preguntas le hicieron saber que el señor Kurtz estaba actualmente a cargo de un puesto comercial, muy importante, en el verdadero país del marfil, en

46.8 'the very bottom of there.
"el mismo fondo de allí.

46.9 Sends in as much ivory as all the others put together...'
Envía tanto marfil como todos los demás juntos..."

46.10 He began to write again.
Empezó a escribir de nuevo.

46.11 The sick man was too ill to groan.
El enfermo estaba demasiado enfermo para gemir.

46.12 The flies buzzed in a great peace.
Las moscas zumbaban con gran tranquilidad.

47.1 Suddenly there was a growing murmur of voices and a great tramping of feet.
De pronto se oyó un creciente murmullo de voces y un gran pisotón.

47.2 A caravan had come in.
Había llegado una caravana.

47.3 A violent babble of uncouth sounds burst out on the other side of the planks.
Un violento murmullo de sonidos groseros estalló al otro lado de los tablones.

47.4 All the carriers were speaking together,
Todos los porteadores hablaban al unísono,

47.5 and in the midst of the uproar the lamentable voice of the chief agent was heard
y en medio del alboroto se oyó la lamentable voz del agente jefe

'giving it up'

47.6

"dándose por vencido"

tearfully for the twentieth time that day ...He rose
slowly.

47.7

con lágrimas en los ojos por vigésima vez aquel día ...Se
levantó lentamente.

'What a frightful row,' he said.

47.8

'Qué alboroto tan espantoso,' dijo.

He crossed the room gently to look at the sick man,
and returning, said to me,

47.9

Cruzó suavemente la habitación para mirar al enfermo y, al
volver, me dijo,

'He does not hear.'

47.10

'No oye.'

'What! Dead?' I asked, startled.

47.11

'¡Qué! ¿Muerto?' pregunté sobresaltado.

'No, not yet,' he answered, with great composure.

47.12

No, todavía no,' respondió con gran serenidad.

Then, alluding with a toss of the head to the tumult in
the station-yard,

47.13

Luego, aludiendo con un movimiento de cabeza al tumulto
del patio de la estación, dijo:

'When one has got to make correct entries, one
comes to hate those savages — hate them to the
death.'

47.14

"Cuando uno tiene que hacer entradas correctas, llega a
odiar a esos salvajes, a odiarlos hasta la muerte."

47.15 He remained thoughtful for a moment.
Se quedó pensativo un momento.

47.16 'When you see Mr. Kurtz' he went on,
Cuando vea al señor Kurtz - continuó-,

47.17 'tell him from me that everything here' — he glanced at the deck — ' is very satisfactory.
dígale de mi parte que todo aquí — miró la cubierta — es muy satisfactorio.

47.18 I don't like to write to him -
No me gusta escribirle -

47.19 with those messengers of ours you never know who may get hold of your letter -
con esos mensajeros nuestros nunca se sabe quién puede hacerse con tu carta -

47.20 at that Central Station.'
en esa Estación Central."

47.21 He stared at me for a moment with his mild, bulging eyes.
Me miró un momento con sus ojos suaves y saltones.

47.22 'Oh, he will go far, very far,' he began again.
Llegará lejos, muy lejos - comenzó de nuevo-.

47.23 'He will be a somebody in the Administration before long.
Dentro de poco será alguien en la Administración.

47.24 They, above — the Council in Europe, you know — mean him to be.'
Ellos, los de arriba, el Consejo de Europa, ya sabes, quieren que lo sea."

He turned to his work. The noise outside had ceased, 48.1
Volvió a su trabajo. El ruido de fuera había cesado,

and presently in going out I stopped at the door. 48.2
y al salir me detuve en la puerta.

In the steady buzz of flies the homeward-bound agent 48.3
was lying finished and insensible;
En medio del zumbido constante de las moscas, el agente
que volvía a casa yacía acabado e insensible;

the other, bent over his books, was making correct 48.4
entries of perfectly correct transactions;
el otro, inclinado sobre sus libros, hacía anotaciones
correctas de transacciones perfectamente correctas;

and fifty feet below the doorstep I could see the still 48.5
tree-tops of the grove of death.
y a quince metros por debajo del umbral de la puerta podía
ver las copas inmóviles de los árboles de la arboleda de la
muerte.

Next day I left that station at last, with a caravan of 49.1
sixty men, for a two-hundred-mile tramp.
Al día siguiente salí por fin de aquella estación, con una
caravana de sesenta hombres, para una excursión de
doscientas millas.

No use telling you much about that. 50.1
Es inútil hablar mucho de eso.

Paths, paths, everywhere; 50.2
Senderos, senderos, por todas partes;

50.3   a stamped-in network of paths spreading over the empty land, through the long grass, through burnt grass, through thickets, down and up chilly ravines, up and down stony hills ablaze with heat;

una red estampada de senderos que se extendía por la tierra vacía, a través de la hierba larga, a través de la hierba quemada, a través de matorrales, bajando y subiendo barrancos helados, subiendo y bajando colinas pedregosas abrasadas por el calor;

50.4   and a solitude, a solitude, nobody, not a hut.

y una soledad, una soledad, nadie, ni una choza.

50.5   The population had cleared out a long time ago.

La población se había marchado hacía mucho tiempo.

50.6   Well, if a lot of mysterious niggers armed with all kinds of fearful weapons suddenly took to travelling on the road between Deal and Gravesend, catching the yokels right and left to carry heavy loads for them, I fancy every farm and cottage thereabouts would get empty very soon.

Bueno, si un montón de negros misteriosos armados con toda clase de temibles armas de repente se pusieran a viajar por la carretera entre Deal y Gravesend, cogiendo a los paletos a diestro y siniestro para que les llevaran pesadas cargas, me imagino que todas las granjas y cabañas de los alrededores quedarían vacías muy pronto.

50.7   Only here the dwellings were gone, too.

Sólo que aquí las viviendas también habían desaparecido.

50.8   Still I passed through several abandoned villages.

Aun así, pasé por varios pueblos abandonados.

There's something pathetically childish in the ruins
of grass walls.

Hay algo patéticamente infantil en las ruinas de los muros
de hierba.

Day after day, with the stamp and shuffle of sixty pair
of bare feet behind me, each pair under a 60-lb. load.
50.10

Día tras día, con el pisotón y el arrastrar de sesenta pares de
pies descalzos detrás de mí, cada par bajo una carga de 60
libras.

Camp, cook, sleep, strike camp, march.
50.11

Acampar, cocinar, dormir, levantar el campamento,
marchar.

Now and then a carrier dead in harness, at rest in the
long grass near the path, with an empty water-gourd
and his long staff lying by his side.
50.12

De vez en cuando, un porteador muerto con su arnés,
descansando en la larga hierba cerca del camino, con una
calabaza vacía y su largo bastón a su lado.

A great silence around and above.
50.13

Un gran silencio alrededor y por encima.

Perhaps on some quiet night the tremor of far-off
drums, sinking, swelling, a tremor vast, faint;
50.14

Quizás en alguna noche tranquila el temblor de tambores
lejanos, hundiéndose, hinchándose, un temblor vasto,
débil;

a sound weird, appealing, suggestive, and wild — and
perhaps with as profound a meaning as the sound of
bells in a Christian country.
50.15

un sonido extraño, atrayente, sugestivo y salvaje, y quizás
con un significado tan profundo como el sonido de las
campanas en un país cristiano.

50.16 Once a white man in an unbuttoned uniform, camping on the path with an armed escort of lank Zanzibaris, very hospitable and festive — not to say drunk.

Una vez, un hombre blanco con uniforme desabrochado, acampado en el camino con una escolta armada de larguiruchos zanzibaris, muy hospitalarios y festivos, por no decir borrachos.

50.17 Was looking after the upkeep of the road, he declared.

Declaró que se ocupaba del mantenimiento de la carretera.

50.18 Can't say I saw any road or any upkeep, unless the body of a middle-aged negro, with a bullet-hole in the forehead, upon which I absolutely stumbled three miles farther on, may be considered as a permanent improvement.

No puedo decir que viera ningún camino ni ningún mantenimiento, a menos que el cuerpo de un negro de mediana edad, con un agujero de bala en la frente, con el que tropecé tres millas más adelante, pueda considerarse una mejora permanente.

50.19 I had a white companion, too, not a bad chap, but rather too fleshy and with the exasperating habit of fainting on the hot hillsides, miles away from the least bit of shade and water.

También tenía un compañero blanco, que no era mal tipo, pero sí demasiado carnoso y con la exasperante costumbre de desmayarse en las calurosas laderas, a kilómetros de distancia de la más mínima sombra y agua.

50.20 Annoying, you know, to hold your own coat like a parasol over a man's head while he is coming to.

Resulta molesto sostener tu propio abrigo como una sombrilla sobre la cabeza de un hombre mientras vuelve en sí.

I couldn't help asking him once what he meant by coming there at all.

Una vez no pude evitar preguntarle qué pretendía yendo allí.

'To make money, of course. What do you think?'

'Ganar dinero, por supuesto. ¿Qué te crees?'

he said, scornfully.

respondió con desdén.

Then he got fever, and had to be carried in a hammock slung under a pole.

Luego le dio fiebre y tuvieron que llevarle en una hamaca colgada de un palo.

As he weighed sixteen stone I had no end of rows with the carriers.

Como pesaba dieciséis piedras, no paré de discutir con los porteadores.

They jibbed, ran away, sneaked off with their loads in the night — quite a mutiny.

Se burlaban, se escapaban, se escabullían con sus cargas por la noche — todo un motín.

So, one evening, I made a speech in English with gestures, not one of which was lost to the sixty pairs of eyes before me, and the next morning I started the hammock off in front all right.

Así que, una noche, pronuncié un discurso en inglés con gestos, ninguno de los cuales pasó desapercibido para los sesenta pares de ojos que tenía ante mí, y a la mañana siguiente puse la hamaca en marcha delante del todo.

50.28 **An hour afterwards I came upon the whole concern wrecked in a bush — man, hammock, groans, blankets, horrors.**

Una hora después me encontré con toda la preocupación destrozada en un matorral: hombre, hamaca, gemidos, mantas, horrores.

50.29 **The heavy pole had skinned his poor nose.**

El pesado palo le había despellejado la pobre nariz.

50.30 **He was very anxious for me to kill somebody,**

Estaba ansioso por que matara a alguien,

50.31 **but there wasn't the shadow of a carrier near.**

pero no había ni la sombra de un portador cerca.

50.32 **I remembered the old doctor — 'It would be interesting for science to watch the mental changes of individuals,**

Recordé al viejo doctor: 'Sería interesante para la ciencia observar los cambios mentales de los individuos,

50.33 **on the spot.'**

in situ.'

50.34 **I felt I was becoming scientifically interesting.**

Sentí que me estaba volviendo científicamente interesante.

50.35 **However, all that is to no purpose.**

Sin embargo, todo eso es inútil.

50.36 **On the fifteenth day I came in sight of the big river again, and hobbled into the Central Station.**

El decimoquinto día volví a ver el gran río y entré cojeando en la Estación Central.

It was on a back water surrounded by scrub and
forest, with a pretty border of smelly mud on one
side, and on the three others enclosed by a crazy
fence of rushes.

50.37

Se hallaba en un remanso rodeado de matorrales y bosques,
con un bonito borde de barro maloliente a un lado y, a los
otros tres, cercado por una alocada valla de juncos.

A neglected gap was all the gate it had,

50.38

Una descuidada brecha era toda la puerta que tenía,

and the first glance at the place was enough to let you
see the flabby devil was running that show.

50.39

y el primer vistazo al lugar bastaba para ver que el diablo
fofo dirigía aquel espectáculo.

White men with long staves in their hands appeared
languidly from amongst the buildings, strolling up
to take a look at me, and then retired out of sight
somewhere.

50.40

Hombres blancos con largos bastones en las manos
aparecían lánguidamente de entre los edificios, se
acercaban para echarme un vistazo y luego se retiraban
a algún lugar fuera de la vista.

One of them, a stout, excitable chap with black
moustaches, informed me with great volubility and
many digressions, as soon as I told him who I was,
that my steamer was at the bottom of the river.

50.41

Uno de ellos, un tipo corpulento y excitable, con bigotes
negros, me informó con gran volubilidad y muchas
digresiones, en cuanto le dije quién era, que mi vapor
estaba en el fondo del río.

I was thunderstruck. What, how, why? Oh, it was

50.42

Me quedé estupefacto. ¿Qué, cómo, por qué? Oh, estaba

50.43 'all right.' The 'manager himself' was there.
'todo bien.' El "gerente en persona" estaba allí.

50.44 All quite correct.
Todo correcto.

50.45 'Everybody had behaved splendidly!
Todo el mundo se había comportado espléndidamente!

50.46 splendidly!' — 'you must,' he said in agitation,
espléndidamente!" — "Debe usted," dijo agitado,

50.47 'go and see the general manager at once. He is
waiting!'
'ir a ver al director general inmediatamente. Está
esperando!'

51.1 I did not see the real significance of that wreck at
once.
No me di cuenta enseguida del verdadero significado de
aquel naufragio.

51.2 I fancy I see it now, but I am not sure — not at all.
Creo que ahora lo veo, pero no estoy seguro, en absoluto.

51.3 Certainly the affair was too stupid -
Ciertamente el asunto fue demasiado estúpido -

51.4 when I think of it - to be altogether natural.
cuando pienso en ello - para ser del todo natural.

51.5 Still ...But at the moment it presented itself simply as
a confounded nuisance.
Pero ...Pero en ese momento se presentó simplemente como
una confusa molestia.

The steamer was sunk.
51.6
El vapor estaba hundido.

They had started two days before in a sudden hurry
51.7
up the river with the manager on board, in charge of
some volunteer skipper, and before they had been
out three hours they tore the bottom out of her on
stones, and she sank near the south bank.
Habían partido dos días antes a toda prisa río arriba con
el director a bordo, a cargo de algún patrón voluntario, y
antes de que llevaran tres horas de viaje le arrancaron el
fondo a pedradas, y se hundió cerca de la orilla sur.

I asked myself what I was to do there,
51.8
Me pregunté qué iba a hacer allí,

now my boat was lost. As a matter of fact,
51.9
ahora que mi barco estaba perdido. De hecho,

I had plenty to do in fishing my command out of the
51.10
river.
tenía mucho que hacer para sacar a mi comando del río.

I had to set about it the very next day.
51.11
Tuve que ponerme a ello al día siguiente.

That, and the repairs when I brought the pieces to the
51.12
station, took some months.
Eso, y las reparaciones cuando llevé las piezas a la estación,
me llevó algunos meses.

My first interview with the manager was curious.
52.1
Mi primera entrevista con el director fue curiosa.

52.2 He did not ask me to sit down after my twenty-mile walk that morning.

No me pidió que me sentara después de mi caminata de treinta kilómetros de aquella mañana.

52.3 He was commonplace in complexion, in features, in manners, and in voice.

Era de complexión, facciones, modales y voz comunes.

52.4 He was of middle size and of ordinary build.

Era de mediana estatura y complexión normal.

52.5 His eyes, of the usual blue, were perhaps remarkably cold, and he certainly could make his glance fall on one as trenchant and heavy as an axe.

Sus ojos, del azul habitual, eran tal vez notablemente fríos, y ciertamente podía hacer que su mirada cayera en una tan mordaz y pesada como un hacha.

52.6 But even at these times the rest of his person seemed to disclaim the intention.

Pero incluso en esos momentos el resto de su persona parecía rechazar la intención.

52.7 Otherwise there was only an indefinable, faint expression of his lips, something stealthy — a smile — not a smile — I remember it, but I can't explain.

Por lo demás, sólo había una indefinible y tenue expresión de sus labios, algo sigiloso: una sonrisa, no una sonrisa; la recuerdo, pero no puedo explicarla.

52.8 It was unconscious, this smile was, though just after he had said something it got intensified for an instant.

Era una sonrisa inconsciente, aunque se intensificaba por un instante justo después de que él dijera algo.

It came at the end of his speeches like a seal applied
on the words to make the meaning of the commonest
phrase appear absolutely inscrutable.

Llegaba al final de sus discursos como un sello aplicado
sobre las palabras para hacer que el significado de la frase
más común pareciera absolutamente inescrutable.

He was a common trader, from his youth up
employed in these parts — nothing more.

Era un comerciante común, desde su juventud empleado en
estas partes, nada más.

He was obeyed, yet he inspired neither love nor fear,
nor even respect.

Se le obedecía, pero no inspiraba ni amor, ni temor, ni
siquiera respeto.

He inspired uneasiness. That was it! Uneasiness.

Inspiraba inquietud. ¡Eso era! Inquietud.

Not a definite mistrust — just uneasiness — nothing
more.

No una desconfianza definitiva, sólo inquietud, nada más.

You have no idea how effective such a ...a
...faculty can be.

No tienes ni idea de lo efectiva que puede ser una ...una
...facultad así.

He had no genius for organizing, for initiative, or for
order even.

No tenía genio para organizar, para la iniciativa, ni siquiera
para el orden.

That was evident in such things as the deplorable
state of the station.

Eso era evidente en cosas como el deplorable estado de la
estación.

52.17 He had no learning, and no intelligence.

No tenía estudios ni inteligencia.

52.18 His position had come to him — why?

Su puesto le había llegado, ¿por qué?

52.19 Perhaps because he was never ill …He had served three terms of three years out there …Because triumphant health in the general rout of constitutions is a kind of power in itself.

Tal vez porque nunca estaba enfermo …Había servido tres períodos de tres años allí …Porque la salud triunfante en la derrota general de las constituciones es una especie de poder en sí mismo.

52.20 When he went home on leave he rioted on a large scale — pompously.

Cuando volvió a casa de permiso, se amotinó a gran escala, pomposamente.

52.21 Jack ashore — with a difference — in externals only.

Jack en tierra, con una diferencia, sólo en lo externo.

52.22 This one could gather from his casual talk.

Esto se podía deducir de su conversación casual.

52.23 He originated nothing, he could keep the routine going — that's all.

No originaba nada, podía mantener la rutina, eso era todo.

52.24 But he was great.

Pero era grande.

52.25 He was great by this little thing that it was impossible to tell what could control such a man.

Era grande por esa pequeña cosa que era imposible decir qué podía controlar a un hombre así.

He never gave that secret away. 52.26
Nunca reveló ese secreto.

Perhaps there was nothing within him. 52.27
Tal vez no había nada dentro de él.

Such a suspicion made one pause — for out there 52.28
there were no external checks.
Tal sospecha hacía que uno se detuviera, porque allí afuera
no había controles externos.

Once when various tropical diseases had laid low 52.29
almost every
Una vez, cuando varias enfermedades tropicales habían
acabado con casi todos los

'agent' in the station, he was heard to say, 52.30
"agentes" de la estación, se le oyó decir,

'Men who come out here should have no entrails.' 52.31
"Los hombres que vienen aquí no deberían tener entrañas."

He sealed the utterance with that smile of his, 52.32
Selló la frase con aquella sonrisa suya,

as though it had been a door opening into a darkness 52.33
he had in his keeping.
como si hubiera sido una puerta que se abría a una
oscuridad que él guardaba.

You fancied you had seen things — but the 52.34
seal was on.
Uno creía haber visto cosas, pero el sello estaba puesto.

52.35 When annoyed at meal-times by the constant quarrels of the white men about precedence, he ordered an immense round table to be made, for which a special house had to be built.

Cuando a la hora de comer le molestaban las constantes peleas de los hombres blancos por la precedencia, mandó hacer una inmensa mesa redonda, para la que hubo que construir una casa especial.

52.36 This was the station's mess-room.

Era el comedor de la estación.

52.37 Where he sat was the first place — the rest were nowhere.

Donde él se sentaba era el primer lugar; los demás no estaban en ninguna parte.

52.38 One felt this to be his unalterable conviction.

Uno sentía que ésta era su convicción inalterable.

52.39 He was neither civil nor uncivil. He was quiet.

No era ni cortés ni descortés. Era tranquilo.

52.40 He allowed his 'boy' -

Permitía que su "chico" -

52.41 an overfed young negro from the coast -

un joven negro de la costa, sobrealimentado -

52.42 to treat the white men, under his very eyes, with provoking insolence.

tratara a los hombres blancos, ante sus propios ojos, con insolencia provocadora.

53.1 He began to speak as soon as he saw me.

Empezó a hablar en cuanto me vio.

I had been very long on the road. He could not wait. 53.2
Yo había estado mucho tiempo en el camino. No podía
esperar.

Had to start without me. 53.3
Tenía que empezar sin mí.

The up-river stations had to be relieved. 53.4
Había que relevar las estaciones río arriba.

There had been so many delays already that he did not 53.5
know who was dead and who was alive, and how they
got on — and so on, and so on.
Ya había habido tantos retrasos que no sabía quién
había muerto y quién estaba vivo, ni cómo se las habían
arreglado, etcétera, etcétera.

He paid no attention to my explanations, and, 53.6
playing with a stick of sealing-wax, repeated several
times that the situation was
No prestó atención a mis explicaciones y, jugando con un
palo de lacre, repitió varias veces que la situación era

'very grave, very grave.' 53.7
"muy grave, muy grave."

There were rumours that a very important station 53.8
was in jeopardy, and its chief, Mr. Kurtz, was ill.
Había rumores de que una estación muy importante estaba
en peligro, y que su jefe, el señor Kurtz, estaba enfermo.

Hoped it was not true. 53.9
Esperaba que no fuera cierto.

Mr. Kurtz was …I felt weary and irritable. 53.10
El Sr. Kurtz estaba …Me sentía cansado e irritable.

53.11 Hang Kurtz, I thought.

Que cuelguen a Kurtz, pensé.

53.12 I interrupted him by saying I had heard of Mr. Kurtz on the coast.

Le interrumpí diciendo que había oído hablar del Sr. Kurtz en la costa.

53.13 'Ah! So they talk of him down there,'

'Así que hablan de él allá abajo,'

53.14 he murmured to himself.

murmuró para sí.

53.15 Then he began again, assuring me Mr. Kurtz was the best agent he had, an exceptional man, of the greatest importance to the Company;

Luego comenzó de nuevo, asegurándome que el señor Kurtz era el mejor agente que tenía, un hombre excepcional, de la mayor importancia para la Compañía;

53.16 therefore I could understand his anxiety. He was, he said,

por lo tanto, yo podía comprender su ansiedad. Estaba, dijo,

53.17 'very, very uneasy.'

"muy, muy inquieto."

53.18 Certainly he fidgeted on his chair a good deal, exclaimed, 'Ah,

Desde luego, se revolvió mucho en su silla, exclamó: "¡Ah,

53.19 Mr. Kurtz!'

señor Kurtz!"

broke the stick of sealing-wax and seemed 53.20
dumfounded by the accident.
rompió la barra de lacre y pareció estupefacto por el
accidente.

Next thing he wanted to know 53.21
A continuación quiso saber

'how long it would take to' ...I interrupted him again. 53.22
"cuánto tardaría" ...Volví a interrumpirle.

Being hungry, you know, and kept on my feet too. 53.23
Tenía hambre, ya sabe, y también me mantenía en pie.

I was getting savage. 'How can I tell?' 53.24
Me estaba volviendo salvaje. '¿Cómo puedo saberlo?'

I said. 'I haven't even seen the wreck yet - 53.25
le dije. Todavía no he visto los restos del naufragio -

some months, no doubt.' All this talk seemed to me 53.26
so futile.
algunos meses, sin duda.' Toda esta charla me parecía
inútil.

'Some months,' he said. 'Well, 53.27
'Algunos meses,' dijo. Bueno,

let us say three months before we can make a start. 53.28
Yes.
digamos tres meses antes de que podamos empezar. Sí.

That ought to do the affair.' 53.29
Con eso bastará.'

53.30 I flung out of his hut (he lived all alone in a clay hut with a sort of verandah) muttering to myself my opinion of him.

Salí corriendo de su choza (vivía solo en una choza de barro con una especie de veranda) murmurando para mis adentros lo que pensaba de él.

53.31 He was a chattering idiot.

Era un idiota charlatán.

53.32 Afterwards I took it back when it was borne in upon me startlingly with what extreme nicety he had estimated the time requisite for the

Después me retracté cuando me di cuenta de la extrema precisión con que había calculado el tiempo necesario para el

53.33 'affair.'

"asunto."

54.1 I went to work the next day, turning, so to speak, my back on that station.

Al día siguiente me fui a trabajar, dando, por así decirlo, la espalda a aquella estación.

54.2 In that way only it seemed to me I could keep my hold on the redeeming facts of life.

Sólo así me parecía que podía aferrarme a los hechos redentores de la vida.

54.3 Still, one must look about sometimes;

Sin embargo, a veces uno debe mirar a su alrededor;

54.4 and then I saw this station,

y entonces vi aquella estación,

these men strolling aimlessly about in the sunshine of the yard.   54.5

aquellos hombres que paseaban sin rumbo fijo bajo el sol del patio.

I asked myself sometimes what it all meant.   54.6

A veces me preguntaba qué significaba todo aquello.

They wandered here and there with their absurd long staves in their hands,   54.7

Vagaban aquí y allá con sus absurdos bastones largos en las manos,

like a lot of faithless pilgrims bewitched inside a rotten fence.   54.8

como un montón de peregrinos infieles hechizados dentro de una cerca podrida.

The word 'ivory'   54.9

La palabra "marfil"

rang in the air, was whispered, was sighed.   54.10

sonaba en el aire, se susurraba, se suspiraba.

You would think they were praying to it.   54.11

Se diría que le estaban rezando.

A taint of imbecile rapacity blew through it all,   54.12

Un tufo de imbécil rapacidad lo recorría todo,

like a whiff from some corpse. By Jove!   54.13

como el tufillo de algún cadáver. ¡Por Dios!

I've never seen anything so unreal in my life.   54.14

Nunca he visto nada tan irreal en mi vida.

54.15 And outside, the silent wilderness surrounding this cleared speck on the earth struck me as something great and invincible, like evil or truth, waiting patiently for the passing away of this fantastic invasion.

Y fuera, el silencioso páramo que rodeaba esta mancha despejada en la tierra me pareció algo grande e invencible, como el mal o la verdad, que esperaba pacientemente el paso de esta fantástica invasión.

55.1 Oh, these months! Well, never mind. Various things happened.

¡Oh, estos meses! Bueno, no importa. Pasaron varias cosas.

55.2 One evening a grass shed full of calico, cotton prints, beads, and I don't know what else, burst into a blaze so suddenly that you would have thought the earth had opened to let an avenging fire consume all that trash.

Una tarde, un cobertizo de hierba lleno de percal, estampados de algodón, abalorios y no sé qué más, estalló en llamas tan repentinamente que se hubiera creído que la tierra se había abierto para dejar que un fuego vengador consumiera toda aquella basura.

55.3 I was smoking my pipe quietly by my dismantled steamer, and saw them all cutting capers in the light, with their arms lifted high, when the stout man with moustaches came tearing down to the river, a tin pail in his hand, assured me that everybody was

Yo estaba fumando mi pipa tranquilamente junto a mi vapor desmantelado, y los vi a todos haciendo cabriolas a la luz, con los brazos en alto, cuando el hombre corpulento de bigotes bajó corriendo hacia el río, con un cubo de hojalata en la mano, me aseguró que todo el mundo

'behaving splendidly, splendidly,' 55.4
"se estaba portando espléndidamente, espléndidamente,"

dipped about a quart of water and tore back again. 55.5
mojó un cuarto de litro de agua y volvió a arrancar.

I noticed there was a hole in the bottom of his pail. 55.6
Me di cuenta de que había un agujero en el fondo del cubo.

I strolled up. There was no hurry. 56.1
Me acerqué paseando. No había prisa.

You see the thing had gone off like a box of matches. 56.2
La cosa había estallado como una caja de cerillas.

It had been hopeless from the very first. 56.3
Había sido inútil desde el principio.

The flame had leaped high, driven everybody back, 56.4
lighted up everything — and collapsed.
La llama había saltado alto, había hecho retroceder a
todo el mundo, lo había iluminado todo — y se había
derrumbado.

The shed was already a heap of embers glowing 56.5
fiercely.
El cobertizo era ya un montón de brasas ardiendo
ferozmente.

A nigger was being beaten near by. 56.6
Cerca de allí golpeaban a un negro.

They said he had caused the fire in some way; 56.7
Decían que él había provocado el incendio de alguna
manera;

56.8   **be that as it may, he was screeching most horribly.**
fuera como fuese, chillaba horriblemente.

56.9   **I saw him, later, for several days, sitting in a bit of shade looking very sick and trying to recover himself;**
Más tarde, durante varios días, lo vi sentado a la sombra, con aspecto de estar muy enfermo y tratando de recuperarse;

56.10   **afterwards he arose and went out — and the wilderness without a sound took him into its bosom again.**
después se levantó y salió, y el desierto, sin hacer ruido, volvió a acogerlo en su seno.

56.11   **As I approached the glow from the dark I found myself at the back of two men, talking.**
Al acercarme al resplandor de la oscuridad me encontré a la espalda de dos hombres que hablaban.

56.12   **I heard the name of Kurtz pronounced, then the words,**
Oí pronunciar el nombre de Kurtz, y luego las palabras,

56.13   **'take advantage of this unfortunate accident.'**
"Aprovéchate de este desafortunado accidente."

56.14   **One of the men was the manager. I wished him a good evening.**
Uno de los hombres era el gerente. Le deseé una buena noche.

56.15   **'Did you ever see anything like it — eh? it is incredible,'**
¿Ha visto alguna vez algo parecido? Es increíble,"

56.16   **he said, and walked off. The other man remained.**
dijo, y se marchó. El otro hombre se quedó.

He was a first-class agent, young, gentlemanly, a bit reserved, with a forked little beard and a hooked nose.

Era un agente de primera clase, joven, caballeroso, un poco reservado, con barba bífida y nariz aguileña.

He was stand-offish with the other agents, and they on their side said he was the manager's spy upon them.

Se mostraba distante con los demás agentes, y éstos, por su parte, decían que era un espía del director.

As to me, I had hardly ever spoken to him before.

En cuanto a mí, casi nunca había hablado con él.

We got into talk,

Nos pusimos a charlar,

and by and by we strolled away from the hissing ruins.

y poco a poco nos fuimos alejando de las ruinas silbantes.

Then he asked me to his room,

Luego me invitó a su habitación,

which was in the main building of the station.

que estaba en el edificio principal de la estación.

He struck a match,

Encendió una cerilla y me di cuenta de que aquel joven aristócrata no sólo tenía un tocador de plata,

and I perceived that this young aristocrat had not only a silver-mounted dressing-case but also a whole candle all to himself.

sino también una vela para él solo.

56.26 **Just at that time the manager was the only man supposed to have any right to candles.**
Justo en aquel momento, el director era el único hombre que se suponía que tenía derecho a velas.

56.27 **Native mats covered the clay walls;**
Esteras nativas cubrían las paredes de arcilla;

56.28 **a collection of spears, assegais, shields, knives was hung up in trophies.**
una colección de lanzas, assegais, escudos, cuchillos estaba colgada en trofeos.

56.29 **The business intrusted to this fellow was the making of bricks — so I had been informed;**
El negocio encomendado a este tipo era la fabricación de ladrillos, según me habían informado;

56.30 **but there wasn't a fragment of a brick anywhere in the station,**
pero no había ni un fragmento de ladrillo en ninguna parte de la estación,

56.31 **and he had been there more than a year — waiting.**
y él llevaba allí más de un año esperando.

56.32 **It seems he could not make bricks without something,**
Parece que no podía hacer ladrillos sin algo,

56.33 **I don't know what — straw maybe.**
no sé qué: paja tal vez.

Anyway, it could not be found there and as it was not likely to be sent from Europe, it did not appear clear to me what he was waiting for.

En cualquier caso, no pudo encontrarlo allí y, como no era probable que lo enviaran de Europa, no me pareció claro a qué estaba esperando.

An act of special creation perhaps. However,

Un acto de creación especial, tal vez. Sin embargo,

they were all waiting — all the sixteen or twenty pilgrims of them — for something;

todos esperaban — los dieciséis o veinte peregrinos — algo;

and upon my word it did not seem an uncongenial occupation, from the way they took it, though the only thing that ever came to them was disease — as far as I could see.

y a fe mía que no parecía una ocupación poco agradable, por la forma en que se la tomaban, aunque lo único que les llegaba era la enfermedad, por lo que pude ver.

They beguiled the time by back-biting and intriguing against each other in a foolish kind of way.

Engañaban al tiempo mordiéndose la espalda e intrigando unos contra otros de un modo insensato.

There was an air of plotting about that station, but nothing came of it, of course.

En aquella estación se respiraba un aire de conspiración, pero no se llegó a nada, por supuesto.

It was as unreal as everything else — as the philanthropic pretence of the whole concern, as their talk, as their government, as their show of work.

Era tan irreal como todo lo demás: como la pretensión filantrópica de toda la empresa, como sus conversaciones, como su gobierno, como su demostración de trabajo.

56.41 The only real feeling was a desire to get appointed to a trading-post where ivory was to be had,

El único sentimiento real era el deseo de ser designados para un puesto comercial donde se pudiera conseguir marfil,

56.42 so that they could earn percentages.

de modo que pudieran ganar porcentajes.

56.43 They intrigued and slandered and hated each other only on that account — but as to effectually lifting a little finger — oh, no.

Intrigaban, calumniaban y se odiaban unos a otros sólo por eso, pero en cuanto a levantar efectivamente un pequeño dedo — oh, no.

56.44 By heavens!

Por todos los cielos!

56.45 there is something after all in the world allowing one man to steal a horse while another must not look at a halter.

hay algo después de todo en el mundo que permite a un hombre robar un caballo mientras que otro no debe mirar un cabestro.

56.46 Steal a horse straight out. Very well. He has done it.

Robar un caballo directamente. Muy bien. Lo ha hecho.

56.47 Perhaps he can ride.

Tal vez pueda montar.

56.48 But there is a way of looking at a halter that would provoke the most charitable of saints into a kick.

Pero hay una manera de mirar un cabestro que provocaría al más caritativo de los santos una patada.

I had no idea why he wanted to be sociable, but as
we chatted in there it suddenly occurred to me
the fellow was trying to get at something — in fact,
pumping me.

No tenía ni idea de por qué quería ser tan sociable, pero
mientras charlábamos allí dentro se me ocurrió de repente
que el tipo estaba intentando llegar a algo, de hecho, a
bombearme a mí.

57.1

He alluded constantly to Europe, to the people I
was supposed to know there — putting leading
questions as to my acquaintances in the sepulchral
city, and so on.

Aludía constantemente a Europa, a la gente que yo debía
conocer allí, haciéndome preguntas sobre mis conocidos en
la ciudad sepulcral, etcétera.

57.2

His little eyes glittered like mica discs — with
curiosity — though he tried to keep up a bit of
superciliousness.

Sus ojillos brillaban como discos de mica, con curiosidad,
aunque trataba de mantener un poco de arrogancia.

57.3

At first I was astonished,

Al principio me quedé asombrado,

57.4

but very soon I became awfully curious to see what he
would find out from me.

pero muy pronto sentí una terrible curiosidad por ver lo
que averiguaba de mí.

57.5

I couldn't possibly imagine what I had in me to make
it worth his while.

No podía imaginar qué tenía yo dentro para que le
mereciera la pena.

57.6

57.7 It was very pretty to see how he baffled himself, for in truth my body was full only of chills, and my head had nothing in it but that wretched steamboat business.

Era muy bonito ver cómo se desconcertaba a sí mismo, porque en realidad mi cuerpo sólo estaba lleno de escalofríos, y mi cabeza no tenía otra cosa en la cabeza que aquel desgraciado asunto del barco de vapor.

57.8 It was evident he took me for a perfectly shameless prevaricator.

Era evidente que me tomaba por un prevaricador desvergonzado.

57.9 At last he got angry, and, to conceal a movement of furious annoyance, he yawned.

Por fin se enfadó y, para disimular un movimiento de furiosa molestia, bostezó.

57.10 I rose.

Me levanté.

57.11 Then I noticed a small sketch in oils, on a panel, representing a woman, draped and blindfolded, carrying a lighted torch.

Entonces me fijé en un pequeño boceto al óleo, sobre un panel, que representaba a una mujer, con los ojos vendados, llevando una antorcha encendida.

57.12 The background was sombre — almost black.

El fondo era sombrío, casi negro.

57.13 The movement of the woman was stately, and the effect of the torchlight on the face was sinister.

El movimiento de la mujer era majestuoso, y el efecto de la luz de la antorcha en su rostro, siniestro.

It arrested me, and he stood by civilly, holding an
empty half-pint champagne bottle (medical comforts)
with the candle stuck in it.   58.1

Me detuvo, y se quedó de pie civilizadamente, sosteniendo
una botella vacía de champán de media pinta (comodidades
médicas) con la vela clavada en ella.

To my question he said Mr. Kurtz had painted this —
in this very station more than a year ago — while
waiting for means to go to his trading post.   58.2

A mi pregunta dijo que el señor Kurtz había pintado esto
en esta misma estación hacía más de un año, mientras
esperaba medios para ir a su puesto comercial.

'Tell me, pray,' said I,   58.3

"Dígame, por favor" - le dije-,

'who is this Mr. Kurtz?'   58.4

"¿quién es ese señor Kurtz?"

'The chief of the Inner Station,' he answered in a
short tone,   59.1

'El jefe de la Estación Interior,' respondió en un tono corto,

looking away. 'Much obliged,' I said, laughing.   59.2

mirando hacia otro lado. 'Muy agradecido,' dije riendo.

'And you are the brickmaker of the Central Station.   59.3

'Y usted es el albañil de la Estación Central.

Every one knows that.' He was silent for a while.   59.4

Todo el mundo lo sabe.' Guardó silencio un rato.

'He is a prodigy,' he said at last.   59.5

'Es un prodigio,' dijo al fin.

59.6 'He is an emissary of pity and science and progress, and devil knows what else.

'Es un emisario de la piedad, la ciencia y el progreso, y el diablo sabe qué más.

59.7 We want,' he began to declaim suddenly, 'for the guidance of the cause intrusted to us by Europe, so to speak, higher intelligence, wide sympathies, a singleness of purpose.'

Para guiar la causa que Europa nos ha confiado, necesitamos, 'por así decirlo, una inteligencia superior, amplias simpatías y un propósito único.'

59.8 'Who says that?' I asked. 'Lots of them,' he replied.

'¿Quién dice eso?' le pregunté. 'Muchos,' respondió.

59.9 'Some even write that;

'Algunos incluso escriben eso;

59.10 and so he comes here, a special being, as you ought to know.'

y por eso él viene aquí, un ser especial, como deberías saber.'

59.11 'Why ought I to know?' I interrupted, really surprised.

'¿Por qué debería saberlo?' interrumpí, realmente sorprendido.

59.12 He paid no attention. 'Yes.

No me prestó atención. 'Sí.

Today he is chief of the best station, next year he will be assistant-manager, two years more and ...but I dare-say you know what he will be in two years' time.'

59.13

Hoy es jefe de la mejor estación, el año que viene será subdirector, dos años más y ...pero me atrevo a decir que usted sabe lo que será dentro de dos años.'

You are of the new gang — the gang of virtue.

59.14

Usted es de la nueva banda, la banda de la virtud.

The same people who sent him specially also recommended you.

59.15

La misma gente que lo envió especialmente también te recomendó a ti.

Oh, don't say no. I've my own eyes to trust.'

59.16

Oh, no diga que no. Confío en mis propios ojos."

Light dawned upon me.

59.17

Se me hizo la luz.

My dear aunt's influential acquaintances were producing an unexpected effect upon that young man.

59.18

Los influyentes conocidos de mi querida tía estaban produciendo un efecto inesperado en aquel joven.

I nearly burst into a laugh.

59.19

Casi me eché a reír.

'Do you read the Company's confidential correspondence?'

59.20

¿Lee usted la correspondencia confidencial de la Compañía?'

I asked. He hadn't a word to say. It was great fun.

59.21

le pregunté. No dijo ni una palabra. Era muy divertido.

59.22 'When Mr. Kurtz,' I continued, severely, 'is General Manager, you won't have the opportunity.'
Cuando el Sr. Kurtz," continué, "sea Director General, usted no tendrá la oportunidad."

60.1 He blew the candle out suddenly, and we went outside.
Apagó la vela de repente y salimos fuera.

60.2 The moon had risen.
Había salido la luna.

60.3 Black figures strolled about listlessly, pouring water on the glow, whence proceeded a sound of hissing;
Unas figuras negras se paseaban desganadas, vertiendo agua sobre el resplandor, de donde procedía un sonido de siseo;

60.4 steam ascended in the moonlight,
el vapor ascendía a la luz de la luna,

60.5 the beaten nigger groaned somewhere.
el negro apaleado gemía en alguna parte.

60.6 'What a row the brute makes!' said the indefatigable man with the moustaches,
Qué alboroto monta el bruto - dijo el infatigable hombre de los bigotes,

60.7 appearing near us. 'Serve him right.
apareciendo cerca de nosotros-. Se lo merece.

60.8 Transgression — punishment — bang! Pitiless, pitiless.
¡Transgresión — castigo — bang! Sin piedad, sin piedad.

That's the only way. 60.9
Es la única manera.

This will prevent all conflagrations for the future. 60.10
Esto evitará todas las conflagraciones en el futuro.

I was just telling the manager...' 60.11
Le estaba diciendo al director...'

He noticed my companion, and became crestfallen all 60.12
at once.
Se fijó en mi acompañante y se puso cabizbajo de golpe.

'Not in bed yet,' he said, with a kind of servile 60.13
heartiness;
Todavía no estás en la cama - dijo, con una especie de servil
cordialidad-;

'it's so natural. Ha! Danger — agitation.' He 60.14
vanished.
es muy natural. ¡Ja! Peligro — agitación.' Desapareció.

I went on to the riverside, and the other followed me. 60.15
Me dirigí a la orilla del río y el otro me siguió.

I heard a scathing murmur at my ear, 'Heap of 60.16
muffs — go to.'
Oí un murmullo mordaz al oído: "Montón de manguitos,
vete."

The pilgrims could be seen in knots gesticulating, 60.17
discussing.
Se veía a los peregrinos en nudos, gesticulando,
discutiendo.

Several had still their staves in their hands. 60.18
Varios llevaban aún sus bastones en las manos.

60.19 I verily believe they took these sticks to bed with them.

Creo que se los llevaron a la cama.

60.20 Beyond the fence the forest stood up spectrally in the moonlight, and through that dim stir, through the faint sounds of that lamentable courtyard, the silence of the land went home to one's very heart — its mystery, its greatness, the amazing reality of its concealed life.

Más allá de la valla, el bosque se alzaba espectral a la luz de la luna, y a través de aquel tenue revuelo, a través de los débiles sonidos de aquel lamentable patio, el silencio de la tierra llegaba hasta el corazón: su misterio, su grandeza, la asombrosa realidad de su vida oculta.

60.21 The hurt nigger moaned feebly somewhere near by,

El negro herido gimió débilmente en algún lugar cercano,

60.22 and then fetched a deep sigh that made me mend my pace away from there.

y luego arrancó un profundo suspiro que me hizo enderezar el paso y alejarme de allí.

60.23 I felt a hand introducing itself under my arm.

Sentí que una mano se introducía bajo mi brazo.

60.24 'My dear sir,' said the fellow, 'I don't want to be misunderstood, and especially by you, who will see Mr. Kurtz long before I can have that pleasure.

Mi querido señor - dijo el tipo-, no quiero ser malinterpretado, y especialmente por usted, que verá al señor Kurtz mucho antes de que yo pueda tener ese placer.

I wouldn't like him to get a false idea of my disposition ...'

60.25

No quisiera que se hiciera una falsa idea de mi disposición ...'

I let him run on, this papier-mache Mephistopheles, and it seemed to me that if I tried I could poke my forefinger through him, and would find nothing inside but a little loose dirt, maybe.

61.1

Lo dejé correr, a este Mefistófeles de cartón piedra, y me pareció que si lo intentaba podía atravesarlo con el índice y no encontraría nada dentro, salvo un poco de suciedad suelta, tal vez.

He, don't you see, had been planning to be assistant-manager by and by under the present man, and I could see that the coming of that Kurtz had upset them both not a little.

61.2

Él, no lo veas, había estado planeando ser ayudante del director bajo las órdenes del hombre actual, y pude ver que la llegada de ese Kurtz les había trastornado a ambos no poco.

He talked precipitately, and I did not try to stop him.

61.3

Habló precipitadamente, y yo no intenté detenerlo.

I had my shoulders against the wreck of my steamer,

61.4

Tenía los hombros apoyados en los restos de mi vapor,

hauled up on the slope like a carcass of some big river animal.

61.5

arrastrado por la pendiente como el cadáver de un gran animal de río.

The smell of mud, of primeval mud, by Jove!

61.6

El olor del barro, del barro primitivo, ¡por Dios!

61.7 **was in my nostrils,**
estaba en mis fosas nasales,

61.8 **the high stillness of primeval forest was before my eyes;**
la alta quietud del bosque primitivo estaba ante mis ojos;

61.9 **there were shiny patches on the black creek.**
había manchas brillantes en el negro arroyo.

61.10 **The moon had spread over everything a thin layer of silver — over the rank grass, over the mud, upon the wall of matted vegetation standing higher than the wall of a temple, over the great river I could see through a sombre gap glittering, glittering, as it flowed broadly by without a murmur.**
La luna había extendido sobre todo una fina capa de plata: sobre la hierba rala, sobre el barro, sobre el muro de vegetación enmarañada que se alzaba más alto que el muro de un templo, sobre el gran río que podía ver a través de una sombría brecha brillando, centelleando, mientras fluía ampliamente sin un murmullo.

61.11 **All this was great, expectant, mute, while the man jabbered about himself.**
Todo era grandioso, expectante, mudo, mientras el hombre parloteaba sobre sí mismo.

61.12 **I wondered whether the stillness on the face of the immensity looking at us two were meant as an appeal or as a menace.**
Me pregunté si la quietud en el rostro de la inmensidad que nos miraba a los dos era un llamamiento o una amenaza.

61.13 **What were we who had strayed in here?**
¿Qué éramos nosotros que nos habíamos extraviado aquí?

Could we handle that dumb thing, 61.14

¿Podríamos nosotros con aquella cosa tonta,

or would it handle us? 61.15

o ella con nosotros?

I felt how big, how confoundedly big, was that thing 61.16
that couldn't talk, and perhaps was deaf as well.

Sentí lo grande, lo desconcertantemente grande que era
aquella cosa que no podía hablar, y quizás también era
sorda.

What was in there? 61.17

¿Qué había allí?

I could see a little ivory coming out from there, 61.18

Podía ver un poco de marfil saliendo de allí,

and I had heard Mr. Kurtz was in there. 61.19

y había oído que el Sr. Kurtz estaba allí dentro.

I had heard enough about it, too — God knows! 61.20

Yo también había oído hablar bastante de él, ¡sabe Dios!

Yet somehow it didn't bring any image with it — no 61.21
more than if I had been told an angel or a fiend was in
there.

Pero, de algún modo, no me trajo ninguna imagen, no
más que si me hubieran dicho que había allí un ángel o un
demonio.

I believed it in the same way one of you might believe 61.22
there are inhabitants in the planet Mars.

Lo creía de la misma manera que uno de ustedes podría
creer que hay habitantes en el planeta Marte.

61.23 **I knew once a Scotch sailmaker who was certain, dead sure, there were people in Mars.**
Una vez conocí a un fabricante de velas escocés que estaba seguro, completamente seguro, de que había gente en Marte.

61.24 **If you asked him for some idea how they looked and behaved,**
Si le preguntabas cómo eran y cómo se comportaban,

61.25 **he would get shy and mutter something about**
se ponía tímido y murmuraba algo sobre

61.26 **'walking on all- fours.'**
"caminar a cuatro patas."

61.27 **If you as much as smiled, he would — though a man of sixty — offer to fight you.**
Si le sonreías, aunque tuviera sesenta años, se ofrecía a pelear contigo.

61.28 **I would not have gone so far as to fight for Kurtz,**
Yo no habría llegado tan lejos como para luchar por Kurtz,

61.29 **but I went for him near enough to a lie.**
pero fui por él casi hasta la mentira.

61.30 **You know I hate, detest, and can't bear a lie, not because I am straighter than the rest of us, but simply because it appalls me.**
Sabes que odio, detesto y no puedo soportar una mentira, no porque sea más recto que el resto de nosotros, sino simplemente porque me horroriza.

There is a taint of death, a flavour of mortality in lies — which is exactly what I hate and detest in the world — what I want to forget.

Hay un olor a muerte, un sabor a mortalidad en las mentiras, que es exactamente lo que odio y detesto en el mundo, lo que quiero olvidar.

61.31

It makes me miserable and sick,

Me hace sentir miserable y enferma,

61.32

like biting something rotten would do. Temperament, I suppose.

como lo haría morder algo podrido. Temperamento, supongo.

61.33

Well,

Bueno,

61.34

I went near enough to it by letting the young fool there believe anything he liked to imagine as to my influence in Europe.

me acerqué bastante a ello al dejar que el joven tonto de allí creyera cualquier cosa que quisiera imaginar sobre mi influencia en Europa.

61.35

I became in an instant as much of a pretence as the rest of the bewitched pilgrims.

En un instante me convertí en un farsante como el resto de los peregrinos embrujados.

61.36

This simply because I had a notion it somehow would be of help to that Kurtz whom at the time I did not see — you understand.

Esto simplemente porque tenía la idea de que de alguna manera sería de ayuda para ese Kurtz a quien en ese momento no veía — usted entiende.

61.37

61.38 **He was just a word for me.**
Era sólo una palabra para mí.

61.39 **I did not see the man in the name any more than you do.**
No vi al hombre del nombre más de lo que tú lo ves.

61.40 **Do you see him? Do you see the story? Do you see anything?**
¿Lo ves? ¿Ves la historia? ¿Ves algo?

61.41 **It seems to me I am trying to tell you a dream -**
Me parece que estoy tratando de contarte un sueño -

61.42 **making a vain attempt, because no relation of a dream can convey the dream-sensation, that commingling of absurdity, surprise, and bewilderment in a tremor of struggling revolt, that notion of being captured by the incredible which is of the very essence of dreams ..."**
un vano intento, porque ningún relato de un sueño puede transmitir la sensación onírica, esa mezcla de absurdo, sorpresa y desconcierto en un temblor de luchadora revuelta, esa noción de ser capturado por lo increíble que es de la esencia misma de los sueños ..."

62.1 **He was silent for a while.**
Guardó silencio durante un rato.

63.1 **"...No, it is impossible;**
"...No, es imposible;

it is impossible to convey the life-sensation of any given epoch of one's existence — that which makes its truth, its meaning — its subtle and penetrating essence.

63.2

es imposible transmitir la sensación vital de una época determinada de la propia existencia, lo que constituye su verdad, su significado, su esencia sutil y penetrante.

It is impossible. We live, as we dream — alone ..."

63.3

Es imposible. Vivimos, como soñamos, solos ..."

He paused again as if reflecting, then added:

64.1

Volvió a hacer una pausa, como si reflexionara, y luego añadió:

"Of course in this you fellows see more than I could then.

65.1

"Por supuesto, en esto ustedes ven más de lo que yo pude ver entonces.

You see me, whom you know ..."

65.2

Me veis a mí, a quien conocéis ..."

It had become so pitch dark that we listeners could hardly see one another.

66.1

Había oscurecido tanto que los oyentes apenas podíamos vernos.

For a long time already he, sitting apart, had been no more to us than a voice.

66.2

Hacía ya mucho tiempo que él, sentado aparte, no era para nosotros más que una voz.

There was not a word from anybody.

66.3

Nadie dijo una palabra.

66.4 The others might have been asleep, but I was awake.

Los demás podían estar dormidos, pero yo estaba despierto.

66.5 I listened, I listened on the watch for the sentence, for the word, that would give me the clue to the faint uneasiness inspired by this narrative that seemed to shape itself without human lips in the heavy night-air of the river.

Escuché, estuve atento a la frase, a la palabra, que me daría la clave de la débil inquietud inspirada por esta narración que parecía formarse sin labios humanos en el pesado aire nocturno del río.

67.1 "...Yes — I let him run on," Marlow began again, "and think what he pleased about the powers that were behind me.

"...Sí, le dejé seguir adelante - comenzó Marlow de nuevo - y pensar lo que quisiera sobre los poderes que había detrás de mí.

67.2 I did! And there was nothing behind me!

¡Y lo hice! ¡Y no había nada detrás de mí!

67.3 There was nothing but that wretched, old, mangled steamboat I was leaning against, while he talked fluently about

No había nada más que aquel miserable, viejo y destrozado barco de vapor en el que yo estaba apoyado, mientras él hablaba con soltura sobre

67.4 'the necessity for every man to get on.'

'la necesidad de que todo hombre suba.'

67.5 'And when one comes out here, you conceive, it is not to gaze at the moon.'

'Y cuando uno viene aquí no es para contemplar la luna."

Mr. Kurtz was a 'universal genius,' 67.6
El Sr. Kurtz era un "genio universal,"

but even a genius would find it easier to work with 67.7
pero incluso a un genio le resultaría más fácil trabajar con

'adequate tools — intelligent men.' 67.8
"herramientas adecuadas, hombres inteligentes."

He did not make bricks — why, there was a physical 67.9
impossibility in the way — as I was well aware;
Él no fabricaba ladrillos, porque había una imposibilidad
física en el camino, como yo bien sabía;

and if he did secretarial work for the manager, it was 67.10
because
y si hacía trabajos de secretaría para el director, era porque

'no sensible man rejects wantonly the confidence of 67.11
his superiors.'
"ningún hombre sensato rechaza gratuitamente la
confianza de sus superiores."

Did I see it? I saw it. What more did I want? 67.12
¿Lo vi? Lo veía. ¿Qué más quería?

What I really wanted was rivets, by heaven! Rivets. 67.13
Lo que realmente quería eran remaches, ¡por Dios!
Remaches.

To get on with the work — to stop the hole. 67.14
Para seguir con el trabajo, para detener el agujero.

Rivets I wanted. 67.15
Quería remaches.

67.16 There were cases of them down at the coast — cases — piled up — burst — split!

Había cajas de remaches en la costa, cajas apiladas, estallidos y roturas!

67.17 You kicked a loose rivet at every second step in that station-yard on the hillside.

Había un remache suelto cada dos pasos en aquella estación de la ladera.

67.18 Rivets had rolled into the grove of death.

Los remaches habían rodado hasta la arboleda de la muerte.

67.19 You could fill your pockets with rivets for the trouble of stooping down — and there wasn't one rivet to be found where it was wanted.

Podías llenarte los bolsillos de remaches por la molestia de agacharte, y no había ni un remache donde se necesitaba.

67.20 We had plates that would do, but nothing to fasten them with.

Teníamos platos que servían, pero nada con qué sujetarlos.

67.21 And every week the messenger, a long negro, letter-bag on shoulder and staff in hand, left our station for the coast.

Y todas las semanas el mensajero, un negro largo, con la cartera al hombro y el bastón en la mano, salía de nuestra estación hacia la costa.

And several times a week a coast caravan came in
with trade goods — ghastly glazed calico that made
you shudder only to look at it, glass beads value
about a penny a quart, confounded spotted cotton
handkerchiefs.

Y varias veces a la semana llegaba una caravana de la
costa con mercancías: horrible percal vidriado que daba
escalofríos con sólo mirarlo, cuentas de vidrio que valían
un penique el cuarto, pañuelos de algodón con manchas.

And no rivets.

Y sin remaches.

Three carriers could have brought all that was wanted
to set that steamboat afloat.

Tres porteadores podrían haber traído todo lo que se
necesitaba para poner a flote aquel barco de vapor.

He was becoming confidential now, but I fancy my
unresponsive attitude must have exasperated him at
last, for he judged it necessary to inform me he feared
neither God nor devil, let alone any mere man.

Ahora se estaba volviendo confidencial, pero creo que mi
actitud insensible debió de exasperarle al final, porque
juzgó necesario informarme de que no temía ni a Dios ni al
diablo, y mucho menos a un simple hombre.

I said I could see that very well, but what I wanted
was a certain quantity of rivets — and rivets were
what really Mr. Kurtz wanted, if he had only
known it.

Le dije que lo veía muy bien, pero que lo que quería
era cierta cantidad de remaches, y remaches era lo que
realmente quería el señor Kurtz, si lo hubiera sabido.

Now letters went to the coast every week ...

Las cartas llegaban a la costa todas las semanas ...

68.4 'My dear sir,' he cried, 'I write from dictation.'
'Mi querido señor,' exclamó, 'escribo al dictado.'

68.5 I demanded rivets. There was a way — for an intelligent man.
Exigí remaches. Había una manera, para un hombre inteligente.

68.6 He changed his manner; became very cold,
Cambió de modales; se puso muy frío,

68.7 and suddenly began to talk about a hippopotamus;
y de pronto empezó a hablar de un hipopótamo;

68.8 wondered whether sleeping on board the steamer (I stuck to my salvage night and day) I wasn't disturbed.
se preguntó si durmiendo a bordo del vapor (yo me dedicaba a mi salvamento noche y día) no me molestaba.

68.9 There was an old hippo that had the bad habit of getting out on the bank and roaming at night over the station grounds.
Había un viejo hipopótamo que tenía la mala costumbre de salir a la orilla y vagar de noche por los terrenos de la estación.

68.10 The pilgrims used to turn out in a body and empty every rifle they could lay hands on at him.
Los peregrinos salían en masa y le disparaban con todos los rifles que tenían a mano.

68.11 Some even had sat up o' nights for him.
Algunos incluso se sentaban por la noche a buscarlo.

68.12 All this energy was wasted, though.
Pero toda esa energía se desperdiciaba.

'That animal has a charmed life,'   68.13
Ese animal tiene una vida encantada - dijo-,'

he said; 'but you can say this only of brutes in this   68.14
country.
pero eso sólo se puede decir de los brutos de este país.

No man — you apprehend me?   68.15
Ningún hombre, ¿me entiende?

— no man here bears a charmed life.'   68.16
— ningún hombre de aquí tiene una vida encantada."

He stood there for a moment in the moonlight with   68.17
his delicate hooked nose set a little askew, and his
mica eyes glittering without a wink, then, with a curt
Good-night, he strode off.
Permaneció allí un momento, a la luz de la luna, con su
delicada nariz aguileña un poco torcida y sus ojos de mica
brillando sin pestañear.

I could see he was disturbed and considerably   68.18
puzzled,
Pude ver que estaba perturbado y considerablemente
desconcertado,

which made me feel more hopeful than I had been for   68.19
days.
lo que me hizo sentir más esperanzado de lo que había
estado en días.

It was a great comfort to turn from that chap to my   68.20
influential friend, the battered, twisted, ruined,
tin-pot steamboat.
Fue un gran consuelo pasar de aquel tipo a mi influyente
amigo, el maltrecho, retorcido y arruinado barco de vapor
de hojalata.

68.21 **I clambered on board.**
Subí a bordo.

68.22 **She rang under my feet like an empty Huntley & Palmer biscuit-tin kicked along a gutter;**
Sonaba bajo mis pies como una lata de galletas vacía de Huntley & Palmer pateada por una alcantarilla;

68.23 **she was nothing so solid in make, and rather less pretty in shape, but I had expended enough hard work on her to make me love her.**
no era tan sólido en su construcción, y bastante menos bonito en su forma, pero había trabajado lo suficiente en él como para que me enamorara de él.

68.24 **No influential friend would have served me better.**
Ningún amigo influyente me habría servido mejor.

68.25 **She had given me a chance to come out a bit — to find out what I could do.**
Me había dado la oportunidad de descubrir un poco lo que podía hacer.

68.26 **No, I don't like work.**
No, no me gusta trabajar.

68.27 **I had rather laze about and think of all the fine things that can be done.**
Prefiero holgazanear y pensar en todas las cosas bonitas que se pueden hacer.

68.28 **I don't like work — no man does — but I like what is in the work — the chance to find yourself.**
No me gusta el trabajo, a nadie le gusta, pero me gusta lo que hay en el trabajo: la oportunidad de encontrarte a ti mismo.

Your own reality - for yourself, not for others -   68.29
Tu propia realidad - para ti mismo, no para los demás -

what no other man can ever know.   68.30
que ningún otro hombre puede conocer.

They can only see the mere show,   68.31
Ellos sólo pueden ver el mero espectáculo,

and never can tell what it really means.   68.32
y nunca pueden decir lo que realmente significa.

I was not surprised to see somebody sitting aft, on the   69.1
deck, with his legs dangling over the mud.
No me sorprendió ver a alguien sentado a popa, en la
cubierta, con las piernas colgando sobre el barro.

You see I rather chummed with the few mechanics   69.2
there were in that station, whom the other pilgrims
naturally despised — on account of their imperfect
manners, I suppose.
Verá, yo me llevaba bien con los pocos mecánicos que
había en aquella estación, a los que los demás peregrinos
despreciaban naturalmente, supongo que por sus modales
imperfectos.

This was the foreman — a boiler-maker by trade — a   69.3
good worker.
Éste era el capataz - de oficio calderero-, un buen trabajador.

He was a lank, bony, yellow-faced man, with big   69.4
intense eyes.
Era un hombre larguirucho, huesudo, de rostro
amarillento y ojos grandes e intensos.

His aspect was worried,   69.5
Su aspecto era preocupado,

69.6 **and his head was as bald as the palm of my hand;**
y tenía la cabeza tan calva como la palma de mi mano;

69.7 **but his hair in falling seemed to have stuck to his chin, and had prospered in the new locality, for his beard hung down to his waist.**
pero el pelo al caer parecía habérsele pegado a la barbilla, y había prosperado en la nueva localidad, pues la barba le colgaba hasta la cintura.

69.8 **He was a widower with six young children (he had left them in charge of a sister of his to come out there),**
Era viudo y tenía seis hijos pequeños (los había dejado a cargo de una hermana suya para ir allí),

69.9 **and the passion of his life was pigeon-flying.**
y la pasión de su vida era la colombofilia.

69.10 **He was an enthusiast and a connoisseur.**
Era un entusiasta y un entendido.

69.11 **He would rave about pigeons.**
Le encantaban las palomas.

69.12 **After work hours he used sometimes to come over from his hut for a talk about his children and his pigeons;**
Después de las horas de trabajo solía venir a veces desde su cabaña para charlar sobre sus hijos y sus palomas;

at work, when he had to crawl in the mud under the
bottom of the steamboat, he would tie up that beard
of his in a kind of white serviette he brought for the
purpose.

69.13

en el trabajo, cuando tenía que arrastrarse por el barro bajo
el fondo del barco de vapor, se ataba aquella barba suya con
una especie de servilleta blanca que traía a tal efecto.

It had loops to go over his ears.

69.14

Tenía lazos que le llegaban hasta las orejas.

In the evening he could be seen squatted on the bank
rinsing that wrapper in the creek with great care,

69.15

Al atardecer se le podía ver en cuclillas en la orilla
enjuagando aquel envoltorio en el arroyo con sumo
cuidado,

then spreading it solemnly on a bush to dry.

69.16

y luego extendiéndolo solemnemente sobre un arbusto
para que se secara.

I slapped him on the back and shouted, 'We shall
have rivets!' He scrambled to his feet exclaiming,
'No! Rivets!' as though he couldn't believe his ears.

70.1

Le di una palmada en la espalda y le grité: '¡Tendremos
remaches! Se puso en pie y exclamó: "¡No, remaches!"
como si no pudiera creer lo que oía.

Then in a low voice, 'You ...eh?'

70.2

Luego, en voz baja, "Tú ...¿eh?"

I don't know why we behaved like lunatics.

70.3

No sé por qué nos comportamos como lunáticos.

I put my finger to the side of my nose and nodded
mysteriously.

70.4

Me llevé el dedo a la nariz y asentí misteriosamente.

70.5 'Good for you!' he cried, snapped his fingers above his head, lifting one foot.

Bien por ti," gritó, chasqueó los dedos por encima de la cabeza y levantó un pie.

70.6 I tried a jig.

Intenté bailar una giga.

70.7 We capered on the iron deck.

Hicimos cabriolas sobre la cubierta de hierro.

70.8 A frightful clatter came out of that hulk,

Un estruendo espantoso salió de aquel armatoste,

70.9 and the virgin forest on the other bank of the creek sent it back in a thundering roll upon the sleeping station.

y la selva virgen de la otra orilla del arroyo lo devolvió en un estruendoso rodar sobre la estación dormida.

70.10 It must have made some of the pilgrims sit up in their hovels.

Debió de hacer que algunos de los peregrinos se sentasen en sus chozas.

70.11 A dark figure obscured the lighted doorway of the manager's hut, vanished, then, a second or so after, the doorway itself vanished, too.

Una figura oscura oscureció la puerta iluminada de la cabaña del encargado, desapareció y, un segundo después, la propia puerta también se desvaneció.

70.12 We stopped,

Nos detuvimos,

and the silence driven away by the stamping of our feet flowed back again from the recesses of the land. 70.13

y el silencio ahuyentado por el pisotón de nuestros pies volvió a fluir desde los recovecos de la tierra.

The great wall of vegetation, an exuberant and entangled mass of trunks, branches, leaves, boughs, festoons, motionless in the moonlight, was like a rioting invasion of soundless life, a rolling wave of plants, piled up, crested, ready to topple over the creek, to sweep every little man of us out of his little existence. 70.14

El gran muro de vegetación, una masa exuberante y enmarañada de troncos, ramas, hojas, ramas, festones, inmóvil a la luz de la luna, era como una invasión de vida insonora, una ola de plantas, amontonadas, en cresta, listas para derrumbarse sobre el arroyo, para barrer a cada uno de nosotros de su pequeña existencia.

And it moved not. 70.15

Y no se movió.

A deadened burst of mighty splashes and snorts reached us from afar, 70.16

Un estallido apagado de poderosos chapoteos y resoplidos nos llegaba desde lejos,

as though an icthyosaurus had been taking a bath of glitter in the great river. 70.17

como si un ictiosaurio se hubiera dado un baño de purpurina en el gran río.

'After all,' said the boiler-maker in a reasonable tone, 'why shouldn't we get the rivets?' Why not, indeed! I did not know of any reason why we shouldn't. 70.18

Después de todo - dijo el calderero en tono razonable-, ¿por qué no vamos a conseguir los remaches? ¿Por qué no? Yo no conocía ninguna razón para no conseguirlos.

70.19 'They'll come in three weeks,' I said confidently.
Llegarán dentro de tres semanas," dije con confianza.

71.1 But they didn't.
Pero no lo hicieron.

71.2 Instead of rivets there came an invasion, an infliction, a visitation.
En lugar de remaches llegó una invasión, una imposición, una visita.

71.3 It came in sections during the next three weeks, each section headed by a donkey carrying a white man in new clothes and tan shoes, bowing from that elevation right and left to the impressed pilgrims.
Llegó por secciones durante las tres semanas siguientes, cada sección encabezada por un burro que transportaba a un hombre blanco con ropa nueva y zapatos color canela, inclinándose desde esa elevación a derecha e izquierda ante los impresionados peregrinos.

71.4 A quarrelsome band of footsore sulky niggers trod on the heels of the donkey;
Una pendenciera banda de negros enfurruñados y cansados pisaba los talones del burro;

71.5 a lot of tents, camp-stools, tin boxes, white cases, brown bales would be shot down in the courtyard, and the air of mystery would deepen a little over the muddle of the station.
un montón de tiendas, taburetes de campamento, cajas de hojalata, maletas blancas, fardos marrones eran derribados en el patio, y el aire de misterio se profundizaba un poco sobre el embrollo de la estación.

Five such instalments came, with their absurd air of disorderly flight with the loot of innumerable outfit shops and provision stores, that, one would think, they were lugging, after a raid, into the wilderness for equitable division.

Llegaron cinco de esos cargamentos, con su absurdo aire de huida desordenada, con el botín de innumerables tiendas de pertrechos y almacenes de provisiones, que, uno pensaría, estaban arrastrando, después de una incursión, al desierto para su reparto equitativo.

It was an inextricable mess of things decent in themselves but that human folly made look like the spoils of thieving.

Era un amasijo inextricable de cosas decentes en sí mismas, pero que la locura humana hacía que parecieran el botín de un robo.

This devoted band called itself the Eldorado Exploring Expedition,

Esta devota banda se autodenominaba Expedición Exploradora de Eldorado,

and I believe they were sworn to secrecy.

y creo que habían jurado guardar el secreto.

Their talk, however, was the talk of sordid buccaneers:

Su conversación, sin embargo, era la conversación de sórdidos bucaneros:

it was reckless without hardihood, greedy without audacity, and cruel without courage;

era temeraria sin dureza, codiciosa sin audacia y cruel sin valor;

72.5 **there was not an atom of foresight or of serious intention in the whole batch of them,**

no había ni un átomo de previsión o de intención seria en todo el grupo,

72.6 **and they did not seem aware these things are wanted for the work of the world.**

y no parecían conscientes de que estas cosas son necesarias para el trabajo del mundo.

72.7 **To tear treasure out of the bowels of the land was their desire,**

Arrancar tesoros de las entrañas de la tierra era su deseo,

72.8 **with no more moral purpose at the back of it than there is in burglars breaking into a safe.**

sin más propósito moral detrás que el que tienen los ladrones al forzar una caja fuerte.

72.9 **Who paid the expenses of the noble enterprise I don't know; but the uncle of our manager was leader of that lot.**

No sé quién pagó los gastos de la noble empresa, pero el tío de nuestro director era el líder de ese grupo.

73.1 **In exterior he resembled a butcher in a poor neighbourhood,**

Por fuera parecía un carnicero de barrio pobre,

73.2 **and his eyes had a look of sleepy cunning.**

y sus ojos tenían una mirada de astucia somnolienta.

73.3 **He carried his fat paunch with ostentation on his short legs,**

Llevaba su gorda barriga con ostentación sobre sus cortas piernas,

and during the time his gang infested the station spoke to no one but his nephew. 73.4

y durante el tiempo en que su banda infestaba la estación no hablaba con nadie más que con su sobrino.

You could see these two roaming about all day long with their heads close together in an everlasting confab. 73.5

Se podía ver a los dos deambulando todo el día con las cabezas juntas en una eterna confabulación.

I had given up worrying myself about the rivets. 74.1

Había dejado de preocuparme por los remaches.

One's capacity for that kind of folly is more limited than you would suppose. 74.2

La capacidad de uno para ese tipo de locuras es más limitada de lo que cabría suponer.

I said Hang!" — and let things slide. 74.3

Dije "¡espera!" y dejé pasar las cosas.

I had plenty of time for meditation, 74.4

Tenía mucho tiempo para meditar,

and now and then I would give some thought to Kurtz. 74.5

y de vez en cuando pensaba en Kurtz.

I wasn't very interested in him. No. 74.6

No me interesaba mucho. No.

74.7 Still, I was curious to see whether this man, who had come out equipped with moral ideas of some sort, would climb to the top after all and how he would set about his work when there."

Sin embargo, tenía curiosidad por ver si este hombre, que había salido equipado con ideas morales de algún tipo, subiría a la cima después de todo y cómo llevaría a cabo su trabajo una vez allí."

II.A

1.1 One evening as I was lying flat on the deck of my steamboat, I heard voices approaching — and there were the nephew and the uncle strolling along the bank.

Una noche, mientras estaba tumbado en la cubierta de mi barco de vapor, oí voces que se acercaban, y allí estaban el sobrino y el tío paseando por la orilla.

1.2 I laid my head on my arm again, and had nearly lost myself in a doze, when somebody said in my ear, as it were:

Volví a apoyar la cabeza en el brazo, y casi me había perdido en un sopor, cuando alguien me dijo al oído, como si dijera:

1.3 'I am as harmless as a little child,

Soy inofensivo como un niño,

1.4 but I don't like to be dictated to.

pero no me gusta que me den órdenes.

1.5 Am I the manager — or am I not?

¿Soy yo el gerente o no?

I was ordered to send him there. It's incredible.' ...

1.6

Me ordenaron que lo enviara allí. Es increíble.' ...

I became aware that the two were standing on the shore alongside the forepart of the steamboat, just below my head.

1.7

Me di cuenta de que los dos estaban de pie en la orilla, junto a la proa del vapor, justo debajo de mi cabeza.

I did not move; it did not occur to me to move: I was sleepy.

1.8

No me moví; no se me ocurrió moverme: Tenía sueño.

'It is unpleasant,' grunted the uncle.

1.9

Es desagradable - gruñó el tío-.

'He has asked the Administration to be sent there,' said the other, 'with the idea of showing what he could do;

1.10

Ha pedido que envíen allí a la Administración - dijo el otro-, con la idea de demostrar lo que podía hacer;

and I was instructed accordingly.

1.11

y así me lo han ordenado.

Look at the influence that man must have.

1.12

Mira la influencia que debe tener ese hombre.

1.13 Is it not frightful?' They both agreed it was frightful, then made several bizarre remarks: 'Make rain and fine weather — one man — the Council — by the nose' — bits of absurd sentences that got the better of my drowsiness, so that I had pretty near the whole of my wits about me when the uncle said, 'The climate may do away with this difficulty for you.

Los dos estuvieron de acuerdo en que era espantosa, y luego hicieron varios comentarios estrafalarios: "Que llueva y que haga buen tiempo ...un hombre ...el Consejo ...por la nariz" ...frases absurdas que se apoderaron de mi somnolencia, de modo que estaba casi en mis cabales cuando el tío dijo: "El clima puede acabar con esta dificultad para usted.

1.14 Is he alone there?' 'Yes,' answered the manager;

Sí - respondió el administrador-;

1.15 'he sent his assistant down the river with a note to me in these terms:

ha enviado a su ayudante río abajo con una nota para mí en estos términos:

1.16 "Clear this poor devil out of the country,

"Saque a este pobre diablo del país,

1.17 and don't bother sending more of that sort.

y no se moleste en enviar más de esa clase.

1.18 I had rather be alone than have the kind of men you can dispose of with me."

Prefiero estar solo que tener conmigo a la clase de hombres de los que usted puede disponer."

1.19 It was more than a year ago. Can you imagine such impudence!'

Fue hace más de un año. ¡Puede imaginarse semejante descaro!'

'Anything since then?' asked the other hoarsely. 1.20
'¿Algo desde entonces?' preguntó el otro con voz ronca.

'Ivory,' jerked the nephew; 1.21
'Marfil,' dijo el sobrino con una sacudida;

'lots of it — prime sort — lots — most annoying, from 1.22
him.'
y mucho, mucho, y muy molesto, de su parte.'

'And with that?' questioned the heavy rumble. 1.23
'Invoice,'
'¿Y con eso?' cuestionó el pesado rumor. 'Factura,'

was the reply fired out, so to speak. Then silence. 1.24
fue la respuesta, por así decirlo. Luego silencio.

They had been talking about Kurtz. 1.25
Habían estado hablando de Kurtz.

I was broad awake by this time, but, lying perfectly at 2.1
ease, remained still, having no inducement to change
my position.
Yo ya estaba bien despierto, pero, como estaba muy
tranquilo, me quedé quieto, sin tener ningún aliciente
para cambiar de postura.

'How did that ivory come all this way?' 2.2
'¿Cómo ha llegado ese marfil hasta aquí?'

growled the elder man, who seemed very vexed. 2.3
gruñó el hombre mayor, que parecía muy enfadado.

2.4 The other explained that it had come with a fleet of
canoes in charge of an English half-caste clerk Kurtz
had with him;

El otro le explicó que había llegado con una flota de canoas
al mando de un empleado mestizo inglés que Kurtz llevaba
consigo;

2.5 that Kurtz had apparently intended to return himself,
the station being by that time bare of goods and
stores, but after coming three hundred miles, had
suddenly decided to go back, which he started to do
alone in a small dugout with four paddlers, leaving
the half-caste to continue down the river with the
ivory.

que Kurtz, al parecer, había tenido la intención de regresar
él mismo, ya que la estación estaba entonces desabastecida
de mercancías y provisiones, pero que, después de recorrer
trescientas millas, había decidido repentinamente regresar,
cosa que empezó a hacer solo en una pequeña piragua con
cuatro remeros, dejando que el mestizo continuara río
abajo con el marfil.

2.6 The two fellows there seemed astounded at anybody
attempting such a thing.

Los dos compañeros parecían asombrados de que alguien
intentara semejante cosa.

2.7 They were at a loss for an adequate motive. As to me,

No encontraban un motivo adecuado. En cuanto a mí,

2.8 I seemed to see Kurtz for the first time.

me pareció ver a Kurtz por primera vez.

2.9 It was a distinct glimpse:

Fue una visión nítida:

the dugout, four paddling savages, and the lone white
man turning his back suddenly on the headquarters,
on relief, on thoughts of home — perhaps;

2.10

la piragua, cuatro salvajes remando, y el solitario hombre
blanco volviendo repentinamente la espalda al cuartel
general, al alivio, a los pensamientos de hogar, tal vez;

setting his face towards the depths of the wilderness,

2.11

volviendo el rostro hacia las profundidades del desierto,

towards his empty and desolate station.

2.12

hacia su estación vacía y desolada.

I did not know the motive.

2.13

No sabía el motivo.

Perhaps he was just simply a fine fellow who stuck to
his work for its own sake.

2.14

Tal vez era simplemente un buen tipo que se aferraba a su
trabajo por su propio bien.

His name, you understand, had not been pronounced
once.

2.15

Su nombre, como comprenderá, no había sido pronunciado
ni una sola vez.

He was 'that man.'

2.16

Era "ese hombre."

The half-caste, who, as far as I could see, had
conducted a difficult trip with great prudence and
pluck, was invariably alluded to as

2.17

El mestizo, que, por lo que pude ver, había conducido
un viaje difícil con gran prudencia y valentía, era
invariablemente aludido como

2.18 'that scoundrel.' The 'scoundrel' had reported that the

"ese canalla." El 'sinvergüenza' había informado que el

2.19 'man'

'hombre'

2.20 had been very ill — had recovered imperfectly ...The two below me moved away then a few paces, and strolled back and forth at some little distance.

había estado muy enfermo, que se había recuperado imperfectamente ...Los dos que estaban debajo de mí se alejaron entonces unos pasos, y se pasearon de un lado a otro a cierta distancia.

2.21 I heard:

Oí:

2.22 'Military post — doctor — two hundred miles — quite alone now — unavoidable delays — nine months — no news — strange rumours.'

'Posdoctor militar-doscientas millas-ahora completamente solo-retrasos inevitables-nueve meses-sin noticias-rumores extraños.'

2.23 They approached again, just as the manager was saying,

Se acercaron de nuevo, justo cuando el director decía:

2.24 'No one, as far as I know, unless a species of wandering trader — a pestilential fellow, snapping ivory from the natives.'

"Nadie, que yo sepa, a menos que sea una especie de comerciante errante, un tipo pestilente que roba marfil a los nativos."

2.25 Who was it they were talking about now?

¿De quién hablaban ahora?

I gathered in snatches that this was some man supposed to be in Kurtz's district, and of whom the manager did not approve.

Por fragmentos deduje que se trataba de un hombre que se suponía estaba en el distrito de Kurtz y a quien el director no aprobaba.

2.26

'We will not be free from unfair competition till one of these fellows is hanged for an example,'

'No nos libraremos de la competencia desleal hasta que uno de estos tipos sea ahorcado como escarmiento,'

2.27

he said. 'Certainly,' grunted the other; 'get him hanged!

dijo. Desde luego - gruñó el otro-,'¡que lo cuelguen!

2.28

Why not? Anything - anything can be done in this country.

¿Por qué no? En este país se puede hacer cualquier cosa.

2.29

That's what I say;

Eso es lo que yo digo;

2.30

nobody here, you understand, here, can endanger your position.

nadie aquí, usted entiende, aquí, puede poner en peligro su posición.

2.31

And why? You stand the climate — you outlast them all.

¿Y por qué? Soportas el clima, los superas a todos.

2.32

The danger is in Europe;

El peligro está en Europa;

2.33

but there before I left I took care to — '

pero allí, antes de partir, me ocupé de — '

2.34

2.35 They moved off and whispered, then their voices rose again.

Se apartaron y susurraron, y luego volvieron a alzar la voz.

2.36 'The extraordinary series of delays is not my fault.

La extraordinaria serie de retrasos no es culpa mía.

2.37 I did my best.' The fat man sighed. 'Very sad.'

Hice lo que pude.' El gordo suspiró. 'Muy triste.'

2.38 'And the pestiferous absurdity of his talk,'

'Y el pestiño absurdo de su charla,'

2.39 continued the other;

continuó el otro;

2.40 'he bothered me enough when he was here.

'ya me molestó bastante cuando estuvo aquí.

2.41 "Each station should be like a beacon on the road towards better things, a centre for trade of course, but also for humanizing, improving, instructing."

"Cada estación debería ser como un faro en el camino hacia cosas mejores, un centro para el comercio, por supuesto, pero también para humanizar, mejorar, instruir."

2.42 Conceive you — that ass! And he wants to be manager! No,

¡Imagínate, ese imbécil! ¡Y quiere ser gerente! No,

2.43 it's — ' Here he got choked by excessive indignation,

es — " Aquí se ahogó por exceso de indignación,

2.44 and I lifted my head the least bit.

y levanté la cabeza lo más mínimo.

147

I was surprised to see how near they were — right under me.
2.45

Me sorprendió ver lo cerca que estaban, justo debajo de mí.

I could have spat upon their hats.
2.46

Podría haber escupido sobre sus sombreros.

They were looking on the ground, absorbed in thought.
2.47

Estaban mirando al suelo, absortos en sus pensamientos.

The manager was switching his leg with a slender twig:
2.48

El encargado se estaba cambiando la pierna con una ramita delgada:

his sagacious relative lifted his head.
2.49

su sagaz pariente levantó la cabeza.

'You have been well since you came out this time?' he asked.
2.50

'¿Has estado bien desde que saliste esta vez?' preguntó.

The other gave a start. 'Who? I? Oh!
2.51

El otro dio un respingo. '¿Quién? I? ¡Oh!

Like a charm — like a charm. But the rest — oh, my goodness!
2.52

Como un encanto, como un encanto. Pero el resto — ¡oh, Dios mío!

All sick.
2.53

Todos enfermos.

They die so quick, too, that I haven't the time to send them out of the country — it's incredible!'
2.54

Y se mueren tan rápido que no tengo tiempo de enviarlos fuera del país — ¡es increíble!'

2.55 'Hm'm. Just so,' grunted the uncle.
'Hm'm. Así es,' gruñó el tío.

2.56 'Ah! my boy, trust to this - I say, trust to this.'
Ah, muchacho, confía en esto - dije-, confía en esto.'

2.57 I saw him extend his short flipper of an arm
for a gesture that took in the forest, the creek,
the mud, the river — seemed to beckon with a
dishonouring flourish before the sunlit face of the
land a treacherous appeal to the lurking death, to the
hidden evil, to the profound darkness of its heart.
Lo vi extender su corto brazo en un gesto que abarcaba el
bosque, el arroyo, el lodo, el río; parecía hacer señas con
una floritura deshonrosa ante el rostro iluminado por el
sol de la tierra, un llamamiento traicionero a la muerte
acechante, al mal oculto, a la profunda oscuridad de su
corazón.

2.58 It was so startling that I leaped to my feet and looked
back at the edge of the forest,
Fue tan sobrecogedor que me puse en pie de un salto y miré
hacia el linde del bosque,

2.59 as though I had expected an answer of some sort to
that black display of confidence.
como si hubiera esperado algún tipo de respuesta a aquella
negra muestra de confianza.

2.60 You know the foolish notions that come to one
sometimes.
Ya sabes las ideas tontas que se le ocurren a uno a veces.

2.61 The high stillness confronted these two figures with
its ominous patience,
La alta quietud se enfrentaba a aquellas dos figuras con su
ominosa paciencia,

waiting for the passing away of a fantastic invasion.　　2.62
esperando el paso de una invasión fantástica.

They swore aloud together — out of sheer fright, I　　3.1
believe — then pretending not to know anything of
my existence, turned back to the station.
Juraron en voz alta, creo que de puro miedo, y luego,
fingiendo no saber nada de mi existencia, se volvieron
hacia la estación.

The sun was low;　　3.2
El sol estaba bajo;

and leaning forward side by side, they seemed to　　3.3
be tugging painfully uphill their two ridiculous
shadows of unequal length, that trailed behind them
slowly over the tall grass without bending a single
blade.
e inclinados hacia delante, uno al lado del otro, parecían
estar tirando penosamente cuesta arriba de sus dos
ridículas sombras de desigual longitud, que se arrastraban
tras ellos lentamente sobre la alta hierba sin doblar una
sola brizna.

In a few days the Eldorado Expedition went into the　　4.1
patient wilderness,
En pocos días la Expedición Eldorado se internó en el
paciente desierto,

that closed upon it as the sea closes over a diver.　　4.2
que se cerró sobre ella como el mar se cierra sobre un buzo.

Long afterwards the news came that all the donkeys　　4.3
were dead.
Mucho después llegó la noticia de que todos los burros
habían muerto.

4.4 **I know nothing as to the fate of the less valuable animals.**
No sé nada del destino de los animales menos valiosos.

4.5 **They, no doubt, like the rest of us, found what they deserved.**
Ellos, sin duda, como el resto de nosotros, encontraron lo que se merecían.

4.6 **I did not inquire.**
No pregunté.

4.7 **I was then rather excited at the prospect of meeting Kurtz very soon.**
Estaba bastante excitado ante la perspectiva de encontrarme muy pronto con Kurtz.

4.8 **When I say very soon I mean it comparatively.**
Cuando digo muy pronto lo digo en sentido comparativo.

4.9 **It was just two months from the day we left the creek when we came to the bank below Kurtz's station.**
Sólo habían pasado dos meses desde el día en que salimos del arroyo cuando llegamos a la orilla debajo del puesto de Kurtz.

5.1 **Going up that river was like traveling back to the earliest beginnings of the world,**
Remontar aquel río era como viajar a los primeros orígenes del mundo,

5.2 **when vegetation rioted on the earth and the big trees were kings.**
cuando la vegetación alborotaba la tierra y los grandes árboles eran los reyes.

An empty stream, a great silence, an impenetrable forest. 5.3
Un arroyo vacío, un gran silencio, un bosque impenetrable.

The air was warm, thick, heavy, sluggish. 5.4
El aire era cálido, espeso, pesado, perezoso.

There was no joy in the brilliance of sunshine. 5.5
No había alegría en el resplandor del sol.

The long stretches of the waterway ran on, deserted, into the gloom of overshadowed distances. 5.6
Los largos tramos del curso de agua discurrían, desiertos, en la penumbra de las distancias ensombrecidas.

On silvery sand-banks hippos and alligators sunned themselves side by side. 5.7
En los bancos de arena plateada, hipopótamos y caimanes tomaban el sol codo con codo.

The broadening waters flowed through a mob of wooded islands; 5.8
Las aguas, cada vez más anchas, fluían a través de una multitud de islas boscosas;

you lost your way on that river as you would in a desert, and butted all day long against shoals, trying to find the channel, till you thought yourself bewitched and cut off for ever from everything you had known once — somewhere — far away — in another existence perhaps. 5.9
uno se perdía en aquel río como se perdería en un desierto, y chocaba todo el día contra los bancos de arena, tratando de encontrar el cauce, hasta que se creía hechizado y aislado para siempre de todo lo que había conocido en otro tiempo, en algún lugar lejano, en otra existencia tal vez.

5.10 There were moments when one's past came back to one,

Había momentos en que el pasado volvía a uno,

5.11 as it will sometimes when you have not a moment to spare for yourself;

como sucede a veces cuando no se dispone de un momento para uno mismo;

5.12 but it came in the shape of an unrestful and noisy dream, remembered with wonder amongst the overwhelming realities of this strange world of plants, and water, and silence.

pero venía en forma de un sueño agitado y ruidoso, recordado con asombro entre las abrumadoras realidades de este extraño mundo de plantas, agua y silencio.

5.13 And this stillness of life did not in the least resemble a peace.

Y esta quietud de la vida no se parecía en nada a una paz.

5.14 It was the stillness of an implacable force brooding over an inscrutable intention.

Era la quietud de una fuerza implacable que rumiaba una intención inescrutable.

5.15 It looked at you with a vengeful aspect.

Te miraba con aspecto vengativo.

5.16 I got used to it afterwards; I did not see it any more;

Después me acostumbré; ya no la veía;

5.17 I had no time. I had to keep guessing at the channel;

no tenía tiempo. Tenía que seguir adivinando el canal;

5.18 I had to discern, mostly by inspiration,

tenía que discernir, casi siempre por inspiración,

the signs of hidden banks; 5.19
las señales de las orillas ocultas;

I watched for sunken stones; 5.20
vigilaba las piedras hundidas;

I was learning to clap my teeth smartly before my 5.21
heart flew out,
estaba aprendiendo a palmear los dientes con inteligencia
antes de que se me saliera el corazón,

when I shaved by a fluke some infernal sly old snag 5.22
that would have ripped the life out of the tin-pot
steamboat and drowned all the pilgrims;
cuando afeité de chiripa algún viejo escollo infernal que
habría arrancado la vida al barco de vapor de hojalata y
ahogado a todos los peregrinos;

I had to keep a lookout for the signs of dead wood we 5.23
could cut up in the night for next day's steaming.
tenía que estar atento a las señales de madera muerta que
podíamos cortar por la noche para la navegación del día
siguiente.

When you have to attend to things of that sort, to the 5.24
mere incidents of the surface, the reality -
Cuando tienes que atender a cosas de ese tipo, a los meros
incidentes de la superficie, la realidad -

the reality, I tell you - fades. 5.25
la realidad, te lo digo yo - se desvanece.

The inner truth is hidden — luckily, luckily. 5.26
La verdad interior está oculta, por suerte, por suerte.

But I felt it all the same; 5.27
Pero la sentí de todos modos;

5.28 I felt often its mysterious stillness watching me at my monkey tricks,

sentí a menudo su misteriosa quietud observándome en mis trucos de mono,

5.29 just as it watches you fellows performing on your respective tight-ropes for — what is it?

igual que os observa a vosotros actuando en vuestras respectivas cuerdas flojas por ...¿cuánto es?

5.30 half-a-crown a tumble — "

media corona por caída — "

6.1 "Try to be civil, Marlow," growled a voice,

"Intenta ser civilizado, Marlow," gruñó una voz,

6.2 and I knew there was at least one listener awake besides myself.

y supe que había al menos un oyente despierto además de mí.

7.1 I beg your pardon.

Le ruego me disculpe.

7.2 I forgot the heartache which makes up the rest of the price.

Me olvidé de la angustia que constituye el resto del precio.

7.3 And indeed what does the price matter, if the trick be well done?

¿Y qué importa el precio si el truco está bien hecho?

7.4 You do your tricks very well. And I didn't do badly either,

Usted hace muy bien sus trucos. Y tampoco lo hice mal,

since I managed not to sink that steamboat on my first trip. 7.5

ya que logré no hundir ese barco de vapor en mi primer viaje.

It's a wonder to me yet. 7.6

Todavía es una maravilla para mí.

Imagine a blindfolded man set to drive a van over a bad road. 7.7

Imagina a un hombre con los ojos vendados dispuesto a conducir una furgoneta por una carretera en mal estado.

I sweated and shivered over that business considerably, I can tell you. 7.8

Puedo asegurarle que sudé y temblé mucho en ese asunto.

After all, for a seaman, to scrape the bottom of the thing that's supposed to float all the time under his care is the unpardonable sin. 7.9

Después de todo, para un marinero, raspar el fondo de lo que se supone que flota todo el tiempo bajo su cuidado es el pecado imperdonable.

No one may know of it, but you never forget the thump — eh? 7.10

Puede que nadie lo sepa, pero nunca olvidas el golpe, ¿eh?

A blow on the very heart. 7.11

Un golpe en el mismísimo corazón.

You remember it, you dream of it, you wake up at night and think of it — years after — and go hot and cold all over. 7.12

Lo recuerdas, sueñas con ello, te despiertas por la noche y piensas en ello años después, y te acaloras y te enfrías.

7.13 I don't pretend to say that steamboat floated all the time.
No pretendo decir que ese barco de vapor flotó todo el tiempo.

7.14 More than once she had to wade for a bit,
Más de una vez tuvo que vadear un poco,

7.15 with twenty cannibals splashing around and pushing.
con veinte caníbales chapoteando y empujando.

7.16 We had enlisted some of these chaps on the way for a crew.
Habíamos reclutado a algunos de esos tipos en el camino como tripulación.

7.17 Fine fellows — cannibals — in their place.
Buenos tipos, caníbales en su lugar.

7.18 They were men one could work with,
Eran hombres con los que se podía trabajar,

7.19 and I am grateful to them.
y les estoy agradecido.

7.20 And, after all, they did not eat each other before my face:
Y, después de todo, no se comieron unos a otros delante de mí:

7.21 they had brought along a provision of hippo-meat which went rotten, and made the mystery of the wilderness stink in my nostrils.
habían traído una provisión de carne de hipopótamo que se pudrió e hizo que el misterio del desierto apestara en mis fosas nasales.

Phoo! I can sniff it now.   7.22
¡Uf! Ahora puedo olerlo.

I had the manager on board and three or four   7.23
pilgrims with their staves — all complete.
Llevaba a bordo al director y a tres o cuatro peregrinos con
sus bastones, todo completo.

Sometimes we came upon a station close by the bank,   7.24
clinging to the skirts of the unknown, and the white
men rushing out of a tumble-down hovel, with great
gestures of joy and surprise and welcome, seemed
very strange — had the appearance of being held
there captive by a spell.
A veces llegábamos a una estación cercana a la orilla,
aferrados a las faldas de lo desconocido, y los hombres
blancos que salían corriendo de una casucha derruida, con
grandes gestos de alegría y sorpresa y bienvenida, parecían
muy extraños; tenían la apariencia de estar allí cautivos por
un hechizo.

The word ivory would ring in the air for a while —   7.25
and on we went again into the silence, along empty
reaches, round the still bends, between the high
walls of our winding way, reverberating in hollow
claps the ponderous beat of the stern-wheel.
La palabra marfil resonaba en el aire durante un rato, y nos
adentrábamos de nuevo en el silencio, a lo largo de tramos
vacíos, en las curvas tranquilas, entre los altos muros de
nuestro sinuoso camino, reverberando en huecas palmadas
el pesado golpe de la rueda de popa.

Trees, trees, millions of trees, massive, immense,   7.26
running up high;
Árboles, árboles, millones de árboles, macizos, inmensos,
corrían hacia lo alto;

7.27 and at their foot, hugging the bank against the stream, crept the little begrimed steamboat, like a sluggish beetle crawling on the floor of a lofty portico.

y a sus pies, abrazando la orilla contra la corriente, se arrastraba el pequeño y begrimo barco de vapor, como un perezoso escarabajo arrastrándose por el suelo de un pórtico elevado.

7.28 It made you feel very small, very lost, and yet it was not altogether depressing, that feeling.

Te hacía sentir muy pequeño, muy perdido, y sin embargo no era del todo deprimente esa sensación.

7.29 After all, if you were small, the grimy beetle crawled on — which was just what you wanted it to do.

Al fin y al cabo, si eras pequeño, el mugriento escarabajo seguía arrastrándose, que era justo lo que querías que hiciera.

7.30 Where the pilgrims imagined it crawled to I don't know.

A dónde imaginaban los peregrinos que se arrastraba, no lo sé.

7.31 To some place where they expected to get something. I bet!

A algún lugar donde esperaban conseguir algo. ¡Ya lo creo!

7.32 For me it crawled towards Kurtz — exclusively;

Para mí se arrastraba hacia Kurtz, exclusivamente;

7.33 but when the steam-pipes started leaking we crawled very slow.

pero cuando las tuberías de vapor empezaron a gotear, nos arrastramos muy despacio.

The reaches opened before us and closed behind,

7.34

Los alcances se abrían ante nosotros y se cerraban detrás,

as if the forest had stepped leisurely across the water to bar the way for our return.

7.35

como si el bosque hubiera cruzado tranquilamente el agua para cerrarnos el camino de regreso.

We penetrated deeper and deeper into the heart of darkness.

7.36

Penetramos cada vez más profundamente en el corazón de las tinieblas.

It was very quiet there.

7.37

Era un lugar muy tranquilo.

At night sometimes the roll of drums behind the curtain of trees would run up the river and remain sustained faintly, as if hovering in the air high over our heads, till the first break of day.

7.38

Por la noche, a veces, el redoble de tambores detrás de la cortina de árboles subía por el río y se mantenía débilmente, como flotando en el aire por encima de nuestras cabezas, hasta el amanecer.

Whether it meant war, peace, or prayer we could not tell.

7.39

No sabíamos si significaban la guerra, la paz o la oración.

The dawns were heralded by the descent of a chill stillness;

7.40

Los amaneceres eran anunciados por el descenso de una fría quietud;

the wood-cutters slept, their fires burned low;

7.41

los leñadores dormían, sus fuegos ardían bajos;

7.42 **the snapping of a twig would make you start.**
el chasquido de una ramita te hacía sobresaltar.

7.43 **We were wanderers on a prehistoric earth,**
Éramos vagabundos en una tierra prehistórica,

7.44 **on an earth that wore the aspect of an unknown planet.**
en una tierra que tenía el aspecto de un planeta desconocido.

7.45 **We could have fancied ourselves the first of men taking possession of an accursed inheritance,**
Podríamos habernos creído los primeros hombres que tomaban posesión de una herencia maldita,

7.46 **to be subdued at the cost of profound anguish and of excessive toil.**
que había que someter a costa de una angustia profunda y de un trabajo excesivo.

7.47 **But suddenly, as we struggled round a bend, there would be a glimpse of rush walls, of peaked grass-roofs, a burst of yells, a whirl of black limbs, a mass of hands clapping of feet stamping, of bodies swaying, of eyes rolling, under the droop of heavy and motionless foliage.**
Pero de pronto, al doblar una curva, se vislumbraban paredes de juncos, techos de hierba, una ráfaga de gritos, un torbellino de miembros negros, una masa de manos que batían palmas, de pies que zapateaban, de cuerpos que se balanceaban, de ojos que giraban, bajo la caída de un follaje pesado e inmóvil.

7.48 **The steamer toiled along slowly on the edge of a black and incomprehensible frenzy.**
El vapor avanzaba lentamente al borde de un negro e incomprensible frenesí.

The prehistoric man was cursing us, praying to us, welcoming us — who could tell? 7.49
El hombre prehistórico nos maldecía, nos rezaba, nos daba la bienvenida — ¿quién podría decirlo?

We were cut off from the comprehension of our surroundings; 7.50
Estábamos aislados de la comprensión de lo que nos rodeaba;

we glided past like phantoms, wondering and secretly appalled, as sane men would be before an enthusiastic outbreak in a madhouse. 7.51
nos deslizábamos como fantasmas, maravillados y secretamente horrorizados, como lo estarían los hombres cuerdos ante un estallido entusiasta en un manicomio.

We could not understand because we were too far and could not remember because we were travelling in the night of first ages, of those ages that are gone, leaving hardly a sign — and no memories. 7.52
No podíamos comprender porque estábamos demasiado lejos y no podíamos recordar porque viajábamos en la noche de las primeras edades, de esas edades que se han ido, dejando apenas una señal y ningún recuerdo.

The earth seemed unearthly. 8.1
La tierra parecía sobrenatural.

We are accustomed to look upon the shackled form of a conquered monster, 8.2
Estamos acostumbrados a contemplar la forma encadenada de un monstruo conquistado,

but there — there you could look at a thing monstrous and free. 8.3
pero allí se podía contemplar algo monstruoso y libre.

8.4 It was unearthly, and the men were — No, they were not inhuman.

Era sobrenatural, y los hombres eran — No, no eran inhumanos.

8.5 Well, you know, that was the worst of it — this suspicion of their not being inhuman.

Eso era lo peor: la sospecha de que no eran inhumanos.

8.6 It would come slowly to one.

Le llegaba a uno lentamente.

8.7 They howled and leaped, and spun, and made horrid faces;

Aullaban, saltaban, daban vueltas y ponían caras horribles;

8.8 but what thrilled you was just the thought of their humanity — like yours — the thought of your remote kinship with this wild and passionate uproar.

pero lo que te estremecía era pensar en su humanidad, como la tuya, pensar en tu remoto parentesco con aquel alboroto salvaje y apasionado.

8.9 Ugly. Yes, it was ugly enough;

Feo. Sí, era bastante feo;

8.10 but if you were man enough you would admit to yourself that there was in you just the faintest trace of a response to the terrible frankness of that noise, a dim suspicion of there being a meaning in it which you -

pero si fueras lo bastante hombre, admitirías que había en ti el más leve rastro de una respuesta a la terrible franqueza de aquel ruido, una tenue sospecha de que había en él un significado que tú -

8.11 you so remote from the night of first ages -

tú, tan alejado de la noche de las primeras edades -

could comprehend. And why not? 8.12
podías comprender. ¿Y por qué no?

The mind of man is capable of anything — because 8.13
everything is in it, all the past as well as all the
future.
La mente del hombre es capaz de todo, porque todo está en
ella, tanto el pasado como el futuro.

What was there after all? 8.14
¿Qué había después de todo?

Joy, fear, sorrow, devotion, valour, rage — who can 8.15
tell?
Alegría, miedo, dolor, devoción, valor, rabia, ¿quién puede
decirlo?

— but truth — truth stripped of its cloak of time. 8.16
sino la verdad, la verdad despojada de su manto de tiempo.

Let the fool gape and shudder — the man knows, and 8.17
can look on without a wink.
Que el tonto se quede boquiabierto y se estremezca; el
hombre lo sabe y puede mirar sin pestañear.

But he must at least be as much of a man as these on 8.18
the shore.
Pero al menos debe ser tan hombre como los de la orilla.

He must meet that truth with his own true stuff — 8.19
with his own inborn strength.
Debe enfrentarse a esa verdad con su propia verdad, con su
propia fuerza innata.

Principles won't do. 8.20
Los principios no sirven.

8.21 **Acquisitions, clothes, pretty rags — rags that would fly off at the first good shake.**
Adquisiciones, ropas, bonitos harapos, harapos que saldrían volando a la primera sacudida.

8.22 **No; you want a deliberate belief.**
No; quieres una creencia deliberada.

8.23 **An appeal to me in this fiendish row — is there?**
Una apelación a mí en esta disputa diabólica, ¿la hay?

8.24 **Very well; I hear;**
Muy bien; lo oigo;

8.25 **I admit, but I have a voice, too, and for good or evil mine is the speech that cannot be silenced.**
lo admito, pero yo también tengo voz, y para bien o para mal la mía es la voz que no se puede acallar.

8.26 **Of course, a fool, what with sheer fright and fine sentiments, is always safe.**
Por supuesto, un tonto, con puro susto y buenos sentimientos, siempre está a salvo.

8.27 **Who's that grunting?**
¿Quién es ese gruñón?

8.28 **You wonder I didn't go ashore for a howl and a dance?**
¿Te preguntas si no bajé a tierra para aullar y bailar?

8.29 **Well, no — I didn't. Fine sentiments, you say? Fine sentiments,**
Pues no. ¿Buenos sentimientos, dices? ¡Buenos sentimientos,

8.30 **be hanged! I had no time.**
que me cuelguen! No tuve tiempo.

I had to mess about with white-lead and strips of
woolen blanket helping to put bandages on those
leaky steam-pipes — I tell you.

Tuve que liarme con plomo blanco y tiras de manta de
lana para ayudar a poner vendas en esas tuberías de vapor
agujereadas, se lo aseguro.

I had to watch the steering, and circumvent those
snags, and get the tin-pot along by hook or by crook.

Tenía que vigilar la dirección, sortear los obstáculos y hacer
avanzar la olla de hojalata por las buenas o por las malas.

There was surface-truth enough in these things to
save a wiser man.

Había suficiente verdad en estas cosas como para salvar a
un hombre más sabio.

And between whiles I had to look after the savage
who was fireman.

Y entre tanto tenía que cuidar del salvaje que hacía de
bombero.

He was an improved specimen;

Era un espécimen mejorado;

he could fire up a vertical boiler.

podía encender una caldera vertical.

He was there below me, and, upon my word, to look
at him was as edifying as seeing a dog in a parody of
breeches and a feather hat, walking on his hind-legs.

Estaba allí debajo de mí y, en verdad, mirarlo era tan
edificante como ver a un perro con una parodia de
pantalones y un sombrero de plumas, caminando sobre
sus patas traseras.

8.38 A few months of training had done for that really fine chap.

Unos meses de entrenamiento le habían sentado de maravilla.

8.39 He squinted at the steam-gauge and at the water-gauge with an evident effort of intrepidity — and he had filed teeth, too, the poor devil, and the wool of his pate shaved into queer patterns, and three ornamental scars on each of his cheeks.

Entrecerraba los ojos ante el manómetro de vapor y el de agua con un evidente esfuerzo de intrepidez, y también tenía los dientes limados, el pobre diablo, y la lana de la coronilla afeitada en extraños dibujos, y tres cicatrices ornamentales en cada una de las mejillas.

8.40 He ought to have been clapping his hands and stamping his feet on the bank, instead of which he was hard at work, a thrall to strange witchcraft, full of improving knowledge.

Debería haber estado aplaudiendo y zapateando en la orilla, pero en vez de eso estaba trabajando duro, esclavo de extrañas brujerías, lleno de conocimientos mejorados.

8.41 He was useful because he had been instructed;

Era útil porque había sido instruido;

8.42 and what he knew was this — that should the water in that transparent thing disappear, the evil spirit inside the boiler would get angry through the greatness of his thirst, and take a terrible vengeance.

y lo que sabía era esto: que si el agua de aquella cosa transparente desaparecía, el espíritu maligno que había dentro de la caldera se enfadaría por la grandeza de su sed, y se tomaría una venganza terrible.

So he sweated and fired up and watched the glass   8.43
fearfully (with an impromptu charm, made of rags,
tied to his arm, and a piece of polished bone, as big
as a watch, stuck flatways through his lower lip),
while the wooded banks slipped past us slowly, the
short noise was left behind, the interminable miles of
silence — and we crept on, towards Kurtz.

Así que sudó y se encendió y vigiló el vaso temerosamente
(con un improvisado amuleto, hecho de trapos, atado a su
brazo, y un trozo de hueso pulido, tan grande como un reloj,
clavado de plano a través de su labio inferior), mientras las
orillas boscosas se deslizaban lentamente a nuestro lado,
el corto ruido quedaba atrás, las interminables millas de
silencio — y nosotros avanzábamos sigilosamente, hacia
Kurtz.

But the snags were thick, the water was treacherous   8.44
and shallow, the boiler seemed indeed to have a sulky
devil in it, and thus neither that fireman nor I had
any time to peer into our creepy thoughts.

Pero los escollos eran espesos, el agua traicionera y
poco profunda, la caldera parecía en verdad tener un
diablo enfurruñado dentro, y así ni aquel bombero ni yo
tuvimos tiempo de asomarnos a nuestros espeluznantes
pensamientos.

Some fifty miles below the Inner Station we came   9.1
upon a hut of reeds, an inclined and melancholy pole,
with the unrecognizable tatters of what had been a
flag of some sort flying from it, and a neatly stacked
wood-pile.

A unas cincuenta millas por debajo de la Estación Interior
nos topamos con una choza de juncos, un poste inclinado y
melancólico, del que ondeaban los jirones irreconocibles de
lo que había sido una bandera de algún tipo, y un montón
de leña pulcramente apilada.

9.2 **This was unexpected.**
Esto fue inesperado.

9.3 **We came to the bank, and on the stack of firewood found a flat piece of board with some faded pencil-writing on it.**
Llegamos a la orilla y, sobre la pila de leña, encontramos un trozo plano de tabla con una escritura borrosa a lápiz.

9.4 **When deciphered it said: 'Wood for you. Hurry up.**
Al descifrarla decía: "Leña para ti. Deprisa.

9.5 **Approach cautiously.'**
Acércate con cuidado."

9.6 **There was a signature, but it was illegible — not Kurtz — a much longer word.**
Había una firma, pero era ilegible, no Kurtz, una palabra mucho más larga.

9.7 **'Hurry up.' Where? Up the river?**
"Deprisa." ¿Por dónde? ¿Por el río?

9.8 **'Approach cautiously.' We had not done so.**
'Acérquense con precaución.' No lo habíamos hecho.

9.9 **But the warning could not have been meant for the place where it could be only found after approach.**
Pero la advertencia no podía ser para el lugar donde sólo se podía encontrar después de acercarse.

9.10 **Something was wrong above. But what — and how much?**
Algo estaba mal arriba. ¿Pero qué y cuánto?

9.11 **That was the question.**
Esa era la cuestión.

We commented adversely upon the imbecility of that telegraphic style.

9.12

Comentamos negativamente la imbecilidad de aquel estilo telegráfico.

The bush around said nothing, and would not let us look very far, either.

9.13

Los arbustos de alrededor no decían nada, y tampoco nos dejaban mirar muy lejos.

A torn curtain of red twill hung in the doorway of the hut, and flapped sadly in our faces.

9.14

Una cortina rota de sarga roja colgaba de la puerta de la cabaña y se agitaba tristemente en nuestras caras.

The dwelling was dismantled; but we could see a white man had lived there not very long ago.

9.15

La vivienda estaba desmantelada, pero pudimos ver que un hombre blanco había vivido allí no hacía mucho tiempo.

There remained a rude table — a plank on two posts;

9.16

Quedaba una mesa rudimentaria, un tablón sobre dos postes;

a heap of rubbish reposed in a dark corner,

9.17

un montón de basura reposaba en un rincón oscuro,

and by the door I picked up a book.

9.18

y junto a la puerta cogí un libro.

It had lost its covers, and the pages had been thumbed into a state of extremely dirty softness; but the back had been lovingly stitched afresh with white cotton thread, which looked clean yet.

9.19

Había perdido las tapas y las páginas estaban muy sucias y blandas, pero el lomo había sido cosido de nuevo con hilo de algodón blanco, que aún parecía limpio.

9.20 **It was an extraordinary find.**
Era un hallazgo extraordinario.

9.21 **Its title was, An Inquiry into some Points of Seamanship, by a man Towser, Towson — some such name — Master in his Majesty's Navy.**
Su título era: Una investigación sobre algunos aspectos de la navegación, por un tal Towser, Towson, o algo así, maestro de la Marina de Su Majestad.

9.22 **The matter looked dreary reading enough, with illustrative diagrams and repulsive tables of figures, and the copy was sixty years old.**
El asunto parecía bastante aburrido de leer, con diagramas ilustrativos y repulsivas tablas de figuras, y el ejemplar tenía sesenta años.

9.23 **I handled this amazing antiquity with the greatest possible tenderness,**
Manipulé esta asombrosa antigüedad con la mayor ternura posible,

9.24 **lest it should dissolve in my hands.**
por temor a que se deshiciera en mis manos.

9.25 **Within, Towson or Towser was inquiring earnestly into the breaking strain of ships' chains and tackle, and other such matters.**
En su interior, Towson o Towser indagaba seriamente sobre la tensión de rotura de las cadenas y aparejos de los barcos, y otras cuestiones por el estilo.

Not a very enthralling book; but at the first glance
you could see there a singleness of intention, an
honest concern for the right way of going to work,
which made these humble pages, thought out so
many years ago, luminous with another than a
professional light.

9.26

No es un libro muy cautivador, pero a primera vista se
podía ver una intención única, una preocupación honesta
por la forma correcta de trabajar, que hacía que estas
humildes páginas, pensadas hace tantos años, brillaran con
una luz distinta a la profesional.

The simple old sailor, with his talk of chains and
purchases, made me forget the jungle and the
pilgrims in a delicious sensation of having come
upon something unmistakably real.

9.27

El viejo y sencillo marinero, con su charla sobre cadenas
y compras, me hizo olvidar la jungla y los peregrinos
en una deliciosa sensación de haberme topado con algo
inconfundiblemente real.

Such a book being there was wonderful enough;

9.28

La presencia de un libro semejante era ya de por sí
maravillosa;

but still more astounding were the notes pencilled in
the margin,

9.29

pero aún más asombrosas eran las notas escritas a lápiz en
los márgenes,

and plainly referring to the text.

9.30

que hacían clara referencia al texto.

I couldn't believe my eyes! They were in cipher! Yes,

9.31

No podía creer lo que veían mis ojos! Estaban en clave! Sí,

it looked like cipher.

9.32

parecían cifras.

9.33 **Fancy a man lugging with him a book of that description into this nowhere and studying it -**
Imagínese a un hombre cargando con un libro de esas características y estudiándolo -

9.34 **and making notes - in cipher at that!**
y tomando notas - ¡y además en clave!

9.35 **It was an extravagant mystery.**
Era un misterio extravagante.

10.1 **I had been dimly aware for some time of a worrying noise, and when I lifted my eyes I saw the wood-pile was gone, and the manager, aided by all the pilgrims, was shouting at me from the riverside.**
Llevaba un rato percibiendo un ruido preocupante y, cuando levanté los ojos, vi que la pila de leña había desaparecido y que el encargado, ayudado por todos los peregrinos, me gritaba desde la orilla del río.

10.2 **I slipped the book into my pocket.**
Metí el libro en el bolsillo.

10.3 **I assure you to leave off reading was like tearing myself away from the shelter of an old and solid friendship.**
Le aseguro que dejar de leer fue como arrancarme del cobijo de una vieja y sólida amistad.

11.1 **I started the lame engine ahead.**
Puse en marcha el cojo motor de delante.

'It must be this miserable trader — this intruder,' exclaimed the manager, looking back malevolently at the place we had left.

Debe de ser ese miserable comerciante, ese intruso," exclamó el director, mirando malévolamente hacia atrás, hacia el lugar que habíamos abandonado.

'He must be English,' I said.

Debe de ser inglés - dije-.

'It will not save him from getting into trouble if he is not careful,' muttered the manager darkly.

Eso no le salvará de meterse en problemas si no tiene cuidado - murmuró sombríamente el gerente.

I observed with assumed innocence that no man was safe from trouble in this world.

Observé con supuesta inocencia que ningún hombre estaba a salvo de los problemas en este mundo.

The current was more rapid now, the steamer seemed at her last gasp, the stern-wheel flopped languidly, and I caught myself listening on tiptoe for the next beat of the boat, for in sober truth I expected the wretched thing to give up every moment.

La corriente era más rápida ahora, el vapor parecía estar en su último suspiro, la rueda de popa flotaba lánguidamente, y me sorprendí a mí mismo escuchando de puntillas el siguiente latido del barco, porque a decir verdad esperaba que la desdichada cosa se rindiera en cualquier momento.

It was like watching the last flickers of a life.

Era como contemplar los últimos destellos de una vida.

But still we crawled.

Pero seguíamos arrastrándonos.

12.4 **Sometimes I would pick out a tree a little way ahead to measure our progress towards Kurtz by,**

A veces elegía un árbol un poco más adelante para medir nuestro progreso hacia Kurtz,

12.5 **but I lost it invariably before we got abreast.**

pero lo perdía invariablemente antes de que llegáramos a la altura.

12.6 **To keep the eyes so long on one thing was too much for human patience.**

Mantener los ojos tanto tiempo en una sola cosa era demasiado para la paciencia humana.

12.7 **The manager displayed a beautiful resignation.**

El director hizo gala de una hermosa resignación.

12.8 **I fretted and fumed and took to arguing with myself whether or no I would talk openly with Kurtz;**

Me inquieté y me puse a discutir conmigo mismo si hablaría o no abiertamente con Kurtz;

12.9 **but before I could come to any conclusion it occurred to me that my speech or my silence, indeed any action of mine, would be a mere futility.**

pero antes de llegar a ninguna conclusión se me ocurrió que mi discurso o mi silencio, en realidad cualquier acción mía, sería una mera futilidad.

12.10 **What did it matter what any one knew or ignored?**

¿Qué importaba lo que cualquiera supiera o ignorara?

12.11 **What did it matter who was manager?**

¿Qué importaba quién fuera el director?

12.12 **One gets sometimes such a flash of insight.**

A veces uno tiene una visión así.

The essentials of this affair lay deep under the surface, beyond my reach, and beyond my power of meddling.

12.13

Lo esencial de este asunto yacía muy por debajo de la superficie, fuera de mi alcance y de mi capacidad de intervención.

Towards the evening of the second day we judged ourselves about eight miles from Kurtz's station.

13.1

Hacia el atardecer del segundo día nos encontrábamos a unas ocho millas de la estación de Kurtz.

I wanted to push on; but the manager looked grave, and told me the navigation up there was so dangerous that it would be advisable, the sun being very low already, to wait where we were till next morning.

13.2

Yo quería seguir adelante, pero el jefe, con semblante grave, me dijo que la navegación hasta allí era tan peligrosa que, dado que el sol estaba ya muy bajo, sería aconsejable esperar donde estábamos hasta la mañana siguiente.

Moreover, he pointed out that if the warning to approach cautiously were to be followed, we must approach in daylight — not at dusk or in the dark.

13.3

Además, me indicó que, si queríamos seguir la advertencia de acercarnos con precaución, debíamos hacerlo a la luz del día, no al anochecer ni en la oscuridad.

This was sensible enough.

13.4

Esto era bastante sensato.

Eight miles meant nearly three hours' steaming for us,

13.5

Ocho millas significaban casi tres horas de navegación para nosotros,

13.6 **and I could also see suspicious ripples at the upper end of the reach.**

y además podía ver ondulaciones sospechosas en el extremo superior del tramo.

13.7 **Nevertheless, I was annoyed beyond expression at the delay, and most unreasonably, too, since one night more could not matter much after so many months.**

Sin embargo, el retraso me molestaba más de lo que podía expresar, y además de forma irrazonable, ya que una noche más no podía importar mucho después de tantos meses.

13.8 **As we had plenty of wood, and caution was the word, I brought up in the middle of the stream.**

Como teníamos leña de sobra y la palabra era precaución, me acerqué a la mitad de la corriente.

13.9 **The reach was narrow, straight, with high sides like a railway cutting.**

El tramo era estrecho, recto, con los lados altos como una vía de ferrocarril.

13.10 **The dusk came gliding into it long before the sun had set.**

El crepúsculo se deslizaba en él mucho antes de que se pusiera el sol.

13.11 **The current ran smooth and swift,**

La corriente corría suave y rápida,

13.12 **but a dumb immobility sat on the banks.**

pero en las orillas reinaba una muda inmovilidad.

The living trees, lashed together by the creepers and 13.13
every living bush of the undergrowth, might have
been changed into stone, even to the slenderest twig,
to the lightest leaf.

Los árboles vivos, unidos por las enredaderas y todos los
arbustos vivos de la maleza, podrían haberse convertido en
piedra, hasta la rama más delgada, hasta la hoja más ligera.

It was not sleep — it seemed unnatural, like a state of 13.14
trance.

No era sueño, parecía antinatural, como un estado de
trance.

Not the faintest sound of any kind could be heard. 13.15

No se oía el más leve sonido de ningún tipo.

You looked on amazed, and began to suspect yourself 13.16
of being deaf — then the night came suddenly, and
struck you blind as well.

Tú mirabas asombrado y empezabas a sospechar que
estabas sordo; entonces la noche llegó de repente y también
te dejó ciego.

About three in the morning some large fish leaped, 13.17

Hacia las tres de la madrugada saltó un gran pez,

and the loud splash made me jump as though a gun 13.18
had been fired.

y el fuerte chapoteo me hizo saltar como si hubieran
disparado un arma.

When the sun rose there was a white fog, very warm 13.19
and clammy, and more blinding than the night.

Cuando salió el sol había una niebla blanca, muy cálida y
húmeda, y más cegadora que la noche.

It did not shift or drive; it was just there, 13.20

No se movía ni se desplazaba; simplemente estaba allí,

13.21 **standing all round you like something solid.**
rodeándote como algo sólido.

13.22 **At eight or nine, perhaps, it lifted as a shutter lifts.**
A las ocho o las nueve, tal vez, se levantó como se levanta
una persiana.

13.23 **We had a glimpse of the towering multitude of trees,
of the immense matted jungle, with the blazing little
ball of the sun hanging over it -**
Tuvimos una visión de la imponente multitud de árboles,
de la inmensa jungla enmarañada, con la pequeña bola
ardiente del sol colgando sobre ella -

13.24 **all perfectly still -**
todo perfectamente quieto -

13.25 **and then the white shutter came down again,
smoothly, as if sliding in greased grooves.**
y luego la persiana blanca volvió a bajar, suavemente, como
si se deslizara por ranuras engrasadas.

13.26 **I ordered the chain, which we had begun to heave in,
to be paid out again.**
Ordené que la cadena, que habíamos empezado a arrastrar,
volviera a salir.

13.27 **Before it stopped running with a muffled rattle, a
cry, a very loud cry, as of infinite desolation, soared
slowly in the opaque air.**
Antes de que dejara de funcionar con un traqueteo sordo,
un grito, un grito muy fuerte, como de desolación infinita,
se elevó lentamente en el aire opaco.

13.28 **It ceased.**
Cesó.

A complaining clamour, modulated in savage discords, filled our ears.

Un clamor quejumbroso, modulado en salvajes discordias, llenó nuestros oídos.

The sheer unexpectedness of it made my hair stir under my cap.

Lo inesperado de aquello hizo que se me erizaran los cabellos bajo la gorra.

I don't know how it struck the others:

No sé cómo impactó a los demás:

to me it seemed as though the mist itself had screamed, so suddenly, and apparently from all sides at once, did this tumultuous and mournful uproar arise.

a mí me pareció como si la niebla misma hubiera gritado, tan de repente, y aparentemente de todos lados a la vez, surgió este tumultuoso y lúgubre alboroto.

It culminated in a hurried outbreak of almost intolerably excessive shrieking, which stopped short, leaving us stiffened in a variety of silly attitudes, and obstinately listening to the nearly as appalling and excessive silence.

Culminó en un precipitado estallido de chillidos casi intolerablemente excesivos, que se detuvieron en seco, dejándonos rígidos en una variedad de actitudes tontas, y escuchando obstinadamente el silencio casi igual de espantoso y excesivo.

'Good God! What is the meaning — '

"¡Santo Dios! ¿Qué significa — "

13.35 stammered at my elbow one of the pilgrims — a little fat man, with sandy hair and red whiskers, who wore sidespring boots, and pink pyjamas tucked into his socks.

balbuceó a mi altura uno de los peregrinos, un hombrecillo gordo, de pelo arenoso y bigotes rojos, que calzaba botas de caña y llevaba un pijama rosa metido dentro de los calcetines.

13.36 Two others remained open-mouthed a while minute, then dashed into the little cabin, to rush out incontinently and stand darting scared glances, with Winchesters at

Otros dos permanecieron boquiabiertos un minuto, y luego se precipitaron a la pequeña cabina, para salir incontinentemente y quedarse lanzando miradas asustadas, con las Winchester

13.37 'ready' in their hands.

"listas" en las manos.

13.38 What we could see was just the steamer we were on, her outlines blurred as though she had been on the point of dissolving, and a misty strip of water, perhaps two feet broad, around her — and that was all.

Lo que podíamos ver era sólo el vapor en el que estábamos, sus contornos borrosos como si hubiera estado a punto de disolverse, y una franja brumosa de agua, quizás de dos pies de ancho, a su alrededor, y eso era todo.

13.39 The rest of the world was nowhere,

El resto del mundo no estaba en ninguna parte,

13.40 as far as our eyes and ears were concerned.

en lo que a nuestros ojos y oídos se refería.

Just nowhere. Gone, 13.41

Simplemente en ninguna parte. Desaparecido,

disappeared; swept off without leaving a whisper or a 13.42
shadow behind.

barrido sin dejar ni un susurro ni una sombra.

I went forward, and ordered the chain to be hauled in 14.1
short, so as to be ready to trip the anchor and move
the steamboat at once if necessary.

Me adelanté y ordené tirar de la cadena para estar
preparado para levar el ancla y mover el vapor de
inmediato si era necesario.

'Will they attack?' whispered an awed voice. 14.2

'¿Atacarán?' susurró una voz atónita.

'We will be all butchered in this fog,' murmured 14.3
another.

'Nos matarán a todos con esta niebla,' murmuró otra.

The faces twitched with the strain, the hands 14.4
trembled slightly, the eyes forgot to wink.

Los rostros se crispaban por la tensión, las manos
temblaban ligeramente, los ojos se olvidaban de guiñar
el ojo.

It was very curious to see the contrast of expressions 14.5
of the white men and of the black fellows of our crew,
who were as much strangers to that part of the river
as we, though their homes were only eight hundred
miles away.

Era muy curioso ver el contraste de expresiones de los
hombres blancos y de los negros de nuestra tripulación, que
eran tan extraños a aquella parte del río como nosotros,
aunque sus hogares estuvieran sólo a ochocientas millas de
distancia.

14.6 The whites, of course greatly discomposed, had besides a curious look of being painfully shocked by such an outrageous row.

Los blancos, por supuesto muy disgustados, tenían además una curiosa expresión de estar dolorosamente conmocionados por una pelea tan escandalosa.

14.7 The others had an alert, naturally interested expression;

Los otros tenían una expresión alerta, naturalmente interesada;

14.8 but their faces were essentially quiet,

pero sus rostros estaban esencialmente tranquilos,

14.9 even those of the one or two who grinned as they hauled at the chain.

incluso los de uno o dos que sonreían mientras tiraban de la cadena.

14.10 Several exchanged short, grunting phrases, which seemed to settle the matter to their satisfaction.

Varios intercambiaron frases cortas y gruñendo, que parecieron zanjar el asunto a su satisfacción.

14.11 Their headman, a young, broad-chested black, severely draped in dark-blue fringed cloths, with fierce nostrils and his hair all done up artfully in oily ringlets, stood near me.

Su jefe, un joven negro de pecho ancho, severamente ataviado con paños de flecos azul oscuro, con fieras fosas nasales y el pelo artísticamente recogido en aceitosos tirabuzones, estaba de pie cerca de mí.

14.12 'Aha!' I said, just for good fellowship's sake.

Ajá - dije, por pura camaradería.

"Catch 'im," he snapped, with a bloodshot widening of his eyes and a flash of sharp teeth - 14.13

Atrápalo -

"catch 'im. 14.14

me espetó, con los ojos inyectados en sangre y un destello de dientes afilados-, atrápalo.

Give 'im to us." 14.15

Entréganoslo.'

'To you, eh?' I asked; 'what would you do with them?' 14.16

'A vosotros, ¿eh?' pregunté; '¿Qué harías con ellos?'

Eat 'im!' 14.17

¡Cómetelos!'

he said curtly, and, leaning his elbow on the rail, looked out into the fog in a dignified and profoundly pensive attitude. 14.18

dijo secamente, y, apoyando el codo en la barandilla, miró hacia la niebla en una actitud digna y profundamente pensativa.

I would no doubt have been properly horrified, 14.19

Sin duda me habría horrorizado de no habérseme ocurrido que él y sus compañeros debían de estar muy hambrientos,

had it not occurred to me that he and his chaps must be very hungry: that they must have been growing increasingly hungry for at least this month past. 14.20

que debían de llevar por lo menos un mes pasando cada vez más hambre.

14.21 **They had been engaged for six months (I don't think a single one of them had any clear idea of time,**

Llevaban seis meses comprometidos (no creo que ninguno de ellos tuviera una idea clara del tiempo,

14.22 **as we at the end of countless ages have.**

como la tenemos nosotros al final de incontables eras.

14.23 **They still belonged to the beginnings of time — had no inherited experience to teach them as it were), and of course, as long as there was a piece of paper written over in accordance with some farcical law or other made down the river, it didn't enter anybody's head to trouble how they would live.**

Todavía pertenecían al principio de los tiempos; no tenían ninguna experiencia heredada que enseñarles, por así decirlo) y, por supuesto, mientras hubiera un trozo de papel escrito de acuerdo con alguna que otra ley absurda hecha río abajo, a nadie se le pasaba por la cabeza preocuparse por cómo iban a vivir.

14.24 **Certainly they had brought with them some rotten hippo-meat, which couldn't have lasted very long, anyway, even if the pilgrims hadn't, in the midst of a shocking hullabaloo, thrown a considerable quantity of it overboard.**

Ciertamente habían traído con ellos algo de carne de hipopótamo podrida, que de todos modos no habría durado mucho tiempo, incluso si los peregrinos no hubiesen arrojado por la borda una considerable cantidad de ella en medio de una escandalosa algarabía.

14.25 **It looked like a high-handed proceeding; but it was really a case of legitimate self-defence.**

Parecía un procedimiento prepotente, pero en realidad fue un caso de legítima defensa.

You can't breathe dead hippo waking, sleeping, and eating, and at the same time keep your precarious grip on existence.

14.26

No se puede respirar hipopótamo muerto despertando, durmiendo y comiendo, y al mismo tiempo mantener el precario control de la existencia.

Besides that, they had given them every week three pieces of brass wire, each about nine inches long;

14.27

Además de eso, les habían dado cada semana tres trozos de alambre de latón, de unas nueve pulgadas de largo cada uno;

and the theory was they were to buy their provisions with that currency in riverside villages.

14.28

y la teoría era que debían comprar sus provisiones con esa moneda en las aldeas ribereñas.

You can see how that worked.

14.29

Ya ven cómo funcionaba.

There were either no villages, or the people were hostile, or the director, who like the rest of us fed out of tins, with an occasional old he-goat thrown in, didn't want to stop the steamer for some more or less recondite reason.

14.30

O no había aldeas, o la gente era hostil, o el director, que como el resto de nosotros se alimentaba a base de latas, con alguna cabra vieja de vez en cuando, no quería parar el vapor por alguna razón más o menos recóndita.

So, unless they swallowed the wire itself, or made loops of it to snare the fishes with, I don't see what good their extravagant salary could be to them.

14.31

Así que, a menos que se tragaran el propio cable o hicieran lazos con él para atrapar a los peces, no veo de qué les podía servir su extravagante salario.

14.32 I must say it was paid with a regularity worthy of a large and honourable trading company.

Debo decir que se pagaba con una regularidad digna de una gran y honorable compañía comercial.

14.33 For the rest, the only thing to eat -

Por lo demás, lo único comestible -

14.34 though it didn't look eatable in the least -

aunque no parecía comestible en lo más mínimo -

14.35 I saw in their possession was a few lumps of some stuff like half-cooked dough, of a dirty lavender colour, they kept wrapped in leaves, and now and then swallowed a piece of, but so small that it seemed done more for the looks of the thing than for any serious purpose of sustenance.

que vi en su poder eran unos cuantos terrones de algo parecido a masa a medio cocer, de un sucio color lavanda, que guardaban envueltos en hojas y de vez en cuando se tragaban un trozo, pero tan pequeño que parecía hecho más por el aspecto de la cosa que por ningún propósito serio de sustento.

14.36 Why in the name of all the gnawing devils of hunger they didn't go for us -

Por qué, en nombre de todos los demonios roedores del hambre, no fueron a por nosotros -

14.37 they were thirty to five -

eran treinta contra cinco -

14.38 and have a good tuck-in for once,

y se dieron un buen atracón de una vez,

14.39 amazes me now when I think of it.

me asombra ahora cuando lo pienso.

They were big powerful men, with not much capacity   14.40
to weigh the consequences, with courage, with
strength, even yet, though their skins were no longer
glossy and their muscles no longer hard.

Eran hombres grandes y poderosos, con poca capacidad
para sopesar las consecuencias, con valor, con fuerza,
incluso todavía, aunque sus pieles ya no eran lustrosas ni
sus músculos duros.

And I saw that something restraining, one of those   14.41
human secrets that baffle probability, had come into
play there.

Y vi que algo restrictivo, uno de esos secretos humanos que
desconciertan a la probabilidad, había entrado en juego
allí.

I looked at them with a swift quickening of interest —   14.42
not because it occurred to me I might be eaten by
them before very long, though I own to you that just
then I perceived — in a new light, as it were — how
unwholesome the pilgrims looked, and I hoped, yes,
I positively hoped, that my aspect was not so — what
shall I say?

Los miré con rápido interés, no porque se me ocurriera
que podrían devorarme dentro de poco, aunque os confieso
que en aquel momento percibí, bajo una nueva luz, por
así decirlo, el aspecto poco saludable de los peregrinos, y
esperé, sí, positivamente esperé, que mi aspecto no fuera
tan …¿cómo decirlo?

— so — unappetizing: 14.43

— tan poco — apetecible:

14.44 a touch of fantastic vanity which fitted well with the dream-sensation that pervaded all my days at that time.

un toque de fantástica vanidad que encajaba bien con la sensación de sueño que impregnaba todos mis días en aquel momento.

14.45 Perhaps I had a little fever, too.

Quizá también tenía un poco de fiebre.

14.46 One can't live with one's finger everlastingly on one's pulse.

No se puede vivir con el dedo siempre en el pulso.

14.47 I had often 'a little fever,'

A menudo tenía "un poco de fiebre,"

14.48 or a little touch of other things — the playful paw-strokes of the wilderness,

o un poco de otras cosas: los juguetones zarpazos de la naturaleza,

14.49 the preliminary trifling before the more serious onslaught which came in due course.

las bagatelas preliminares antes de los ataques más serios que llegaban a su debido tiempo.

14.50 Yes;

Sí;

14.51 I looked at them as you would on any human being, with a curiosity of their impulses, motives, capacities, weaknesses, when brought to the test of an inexorable physical necessity.

los miraba como a cualquier ser humano, con curiosidad por sus impulsos, motivos, capacidades, debilidades, cuando se les ponía a prueba por una inexorable necesidad física.

Restraint! What possible restraint?
¡Control! ¿Qué posible restricción?

Was it superstition, disgust, patience, fear — or some
kind of primitive honour?
¿La superstición, el asco, la paciencia, el miedo o algún tipo
de honor primitivo?

No fear can stand up to hunger, no patience can wear
it out, disgust simply does not exist where hunger is;
No hay miedo que pueda resistir el hambre, ni paciencia
que pueda agotarla, el asco sencillamente no existe donde
está el hambre;

and as to superstition, beliefs, and what you may call
principles, they are less than chaff in a breeze.
y en cuanto a la superstición, las creencias y lo que usted
puede llamar principios, son menos que paja en una brisa.

Don't you know the devilry of lingering starvation,
its exasperating torment, its black thoughts, its
sombre and brooding ferocity?
¿No conoces la diablura de la inanición persistente, su
tormento exasperante, sus pensamientos negros, su
ferocidad sombría y melancólica?

Well, I do.
Pues yo sí.

It takes a man all his inborn strength to fight hunger
properly.
Un hombre necesita toda su fuerza innata para combatir el
hambre adecuadamente.

14.59 It's really easier to face bereavement, dishonour, and the perdition of one's soul — than this kind of prolonged hunger.

Es realmente más fácil afrontar el duelo, la deshonra y la perdición del alma que este tipo de hambre prolongada.

14.60 Sad, but true.

Triste, pero cierto.

14.61 And these chaps, too, had no earthly reason for any kind of scruple.

Y estos tipos, además, no tenían ninguna razón terrenal para tener ningún tipo de escrúpulo.

14.62 Restraint!

¡Contención!

14.63 I would just as soon have expected restraint from a hyena prowling amongst the corpses of a battlefield.

Yo también habría esperado moderación de una hiena merodeando entre los cadáveres de un campo de batalla.

14.64 But there was the fact facing me — the fact dazzling, to be seen, like the foam on the depths of the sea, like a ripple on an unfathomable enigma, a mystery greater — when I thought of it — than the curious, inexplicable note of desperate grief in this savage clamour that had swept by us on the river-bank, behind the blind whiteness of the fog.

Pero allí estaba el hecho frente a mí, el hecho deslumbrante, a la vista, como la espuma en las profundidades del mar, como una onda en un enigma insondable, un misterio mayor - cuando pensaba en ello - que la curiosa e inexplicable nota de dolor desesperado en este clamor salvaje que nos había barrido en la orilla del río, detrás de la blancura ciega de la niebla.

Two pilgrims were quarrelling in hurried whispers as
to which bank.
Dos peregrinos discutían en susurros apresurados sobre
qué orilla.

'Left.'
'Izquierda.'

'no, no; how can you? Right, right, of course.'
'No, no; ¿cómo puedes? Derecha, derecha, por supuesto.'

It is very serious,' said the manager's voice
behind me;
Es muy grave - dijo detrás de mí la voz del director-;

'I would be desolated if anything should happen to
Mr. Kurtz before we came up.'
me sentiría desolado si le ocurriera algo al señor Kurtz
antes de que subiéramos."

I looked at him, and had not the slightest doubt he
was sincere.
Le miré y no tuve la menor duda de que era sincero.

He was just the kind of man who would wish to
preserve appearances.
Era el tipo de hombre que querría guardar las apariencias.

That was his restraint.
Ésa era su moderación.

But when he muttered something about going on at
once,
Pero cuando murmuró algo sobre continuar de inmediato,

I did not even take the trouble to answer him.
ni siquiera me tomé la molestia de contestarle.

15.11 I knew, and he knew, that it was impossible.

Yo sabía, y él sabía, que era imposible.

15.12 Were we to let go our hold of the bottom, we would be absolutely in the air — in space.

Si nos soltáramos del fondo, estaríamos absolutamente en el aire, en el espacio.

15.13 We wouldn't be able to tell where we were going to — whether up or down stream, or across — till we fetched against one bank or the other — and then we wouldn't know at first which it was.

No sabríamos adónde íbamos, si río arriba o río abajo, o al otro lado, hasta que nos topáramos con una orilla u otra, y entonces no sabríamos al principio cuál era.

15.14 Of course I made no move.

Por supuesto, no hice ningún movimiento.

15.15 I had no mind for a smash-up.

No me apetecía un choque.

15.16 You couldn't imagine a more deadly place for a shipwreck.

No se podía imaginar un lugar más mortal para un naufragio.

15.17 Whether we drowned at once or not,

Tanto si nos ahogábamos de inmediato como si no,

15.18 we were sure to perish speedily in one way or another.

estábamos seguros de perecer rápidamente de un modo u otro.

'I authorize you to take all the risks,' he said, after a short silence.

15.19

Te autorizo a correr todos los riesgos - dijo, tras un breve silencio.

'I refuse to take any,' I said shortly; which was just the answer he expected, though its tone might have surprised him.

15.20

Me niego a correr ninguno - respondí brevemente, lo cual era exactamente la respuesta que él esperaba, aunque su tono podría haberle sorprendido.

'Well, I must defer to your judgment. You are captain,'

15.21

Bueno, debo someterme a su juicio. Usted es el capitán,"

he said with marked civility.

15.22

dijo con marcada cortesía.

I turned my shoulder to him in sign of my appreciation, and looked into the fog.

15.23

Le giré el hombro en señal de agradecimiento y miré hacia la niebla.

How long would it last? It was the most hopeless lookout.

15.24

¿Cuánto duraría? Era el vigía más desesperado.

The approach to this Kurtz grubbing for ivory in the wretched bush was beset by as many dangers as though he had been an enchanted princess sleeping in a fabulous castle.

15.25

El acercamiento a ese Kurtz que buscaba marfil en la mísera maleza estaba acosado por tantos peligros como si hubiera sido una princesa encantada durmiendo en un castillo fabuloso.

15.26 'Will they attack, do you think?'
'¿Cree usted que atacarán?'

15.27 asked the manager, in a confidential tone.
preguntó el director en tono confidencial.

16.1 I did not think they would attack, for several obvious reasons.
No pensé que atacarían, por varias razones obvias.

16.2 The thick fog was one.
Una era la espesa niebla.

16.3 If they left the bank in their canoes they would get lost in it, as we would be if we attempted to move.
Si abandonaban la orilla en sus canoas, se perderían en ella, igual que nosotros si intentábamos movernos.

16.4 Still, I had also judged the jungle of both banks quite impenetrable — and yet eyes were in it, eyes that had seen us.
Sin embargo, también había juzgado que la jungla de ambas orillas era bastante impenetrable, y aun así había ojos en ella, ojos que nos habían visto.

16.5 The riverside bushes were certainly very thick;
Los arbustos de la ribera eran ciertamente muy espesos;

16.6 but the undergrowth behind was evidently penetrable.
pero la maleza de detrás era evidentemente penetrable.

However, during the short lift I had seen no canoes anywhere in the reach — certainly not abreast of the steamer.

Sin embargo, durante el corto trayecto no había visto canoas en ninguna parte, ciertamente no a la altura del vapor.

16.7

But what made the idea of attack inconceivable to me was the nature of the noise — of the cries we had heard.

Pero lo que me hacía inconcebible la idea de un ataque era la naturaleza del ruido, de los gritos que habíamos oído.

16.8

They had not the fierce character boding immediate hostile intention.

No tenían el carácter feroz que presagiaba una intención hostil inmediata.

16.9

Unexpected, wild, and violent as they had been, they had given me an irresistible impression of sorrow.

Inesperados, salvajes y violentos como habían sido, me habían dado una irresistible impresión de tristeza.

16.10

The glimpse of the steamboat had for some reason filled those savages with unrestrained grief.

Por alguna razón, la visión del vapor había llenado a aquellos salvajes de una pena incontenible.

16.11

The danger, if any, I expounded, was from our proximity to a great human passion let loose.

El peligro, si es que existía alguno, expuse, provenía de nuestra proximidad a una gran pasión humana desatada.

16.12

16.13 **Even extreme grief may ultimately vent itself in violence — but more generally takes the form of apathy ...**
Incluso el dolor extremo puede acabar por desahogarse con violencia, pero lo más frecuente es que adopte la forma de apatía ...

17.1 **You should have seen the pilgrims stare!**
Tendrías que haber visto cómo me miraban los peregrinos!

17.2 **They had no heart to grin, or even to revile me: but I believe they thought me gone mad — with fright, maybe.**
No tenían corazón para sonreír, ni siquiera para injuriarme; pero creo que pensaban que me había vuelto loco, quizá de miedo.

17.3 **I delivered a regular lecture. My dear boys,**
Di una conferencia normal. Mis queridos muchachos,

17.4 **it was no good bothering. Keep a lookout? Well,**
no era bueno molestarse. ¿Vigilar? Bueno,

17.5 **you may guess I watched the fog for the signs of lifting as a cat watches a mouse;**
podéis suponer que vigilaba la niebla en busca de señales de que se disipara como un gato vigila a un ratón;

17.6 **but for anything else our eyes were of no more use to us than if we had been buried miles deep in a heap of cotton-wool.**
pero para cualquier otra cosa nuestros ojos no nos servían más que si hubiéramos estado enterrados a kilómetros de profundidad en un montón de algodón.

17.7 **It felt like it, too — choking, warm, stifling.**
Así se sentía también: asfixiante, cálido, sofocante.

Besides, all I said, though it sounded extravagant, was absolutely true to fact.

17.8

Además, todo lo que dije, aunque sonara extravagante, era absolutamente cierto.

What we afterwards alluded to as an attack was really an attempt at repulse.

17.9

Lo que después aludimos como un ataque fue en realidad un intento de repulsa.

The action was very far from being aggressive — it was not even defensive,

17.10

La acción distaba mucho de ser agresiva; ni siquiera era defensiva,

in the usual sense:

17.11

en el sentido habitual:

it was undertaken under the stress of desperation,

17.12

se emprendió bajo la tensión de la desesperación,

and in its essence was purely protective.

17.13

y en su esencia era puramente protectora.

It developed itself, I should say, two hours after the fog lifted, and its commencement was at a spot, roughly speaking, about a mile and a half below Kurtz's station.

18.1

Se desarrolló, diría yo, dos horas después de que se levantara la niebla, y su comienzo fue en un punto, a grandes rasgos, a una milla y media por debajo de la estación de Kurtz.

18.2 We had just floundered and flopped round a bend, when I saw an islet, a mere grassy hummock of bright green, in the middle of the stream.

Acabábamos de dar vueltas y más vueltas en un recodo, cuando vi un islote, un mero montículo de hierba de un verde brillante, en medio de la corriente.

18.3 It was the only thing of the kind;

Era lo único que había;

18.4 but as we opened the reach more, I perceived it was the head of a long sand-bank, or rather of a chain of shallow patches stretching down the middle of the river.

pero al abrir más el paso, me di cuenta de que era la cabecera de un largo banco de arena, o más bien de una cadena de manchas poco profundas que se extendían por el centro del río.

18.5 They were discoloured, just awash, and the whole lot was seen just under the water, exactly as a man's backbone is seen running down the middle of his back under the skin.

Estaban descoloridos, apenas inundados, y todo el conjunto se veía justo bajo el agua, exactamente como se ve la espina dorsal de un hombre que corre por la mitad de su espalda bajo la piel.

18.6 Now, as far as I did see, I could go to the right or to the left of this.

Ahora, por lo que yo veía, podía ir a la derecha o a la izquierda de esto.

18.7 I didn't know either channel, of course.

No conocía ninguno de los dos canales, por supuesto.

18.8 The banks looked pretty well alike,

Las orillas se parecían bastante,

the depth appeared the same;   18.9
la profundidad parecía la misma;

but as I had been informed the station was on the   18.10
west side,
pero como me habían informado de que la estación estaba
en el lado oeste,

I naturally headed for the western passage.   18.11
naturalmente me dirigí hacia el paso occidental.

No sooner had we fairly entered it than I became   19.1
aware it was much narrower than I had supposed.
En cuanto nos adentramos en él, me di cuenta de que era
mucho más estrecho de lo que había supuesto.

To the left of us there was the long uninterrupted   19.2
shoal, and to the right a high, steep bank heavily
overgrown with bushes.
A nuestra izquierda había un largo banco ininterrumpido,
y a la derecha una orilla alta y escarpada, densamente
cubierta de arbustos.

Above the bush the trees stood in serried ranks.   19.3
Por encima de los arbustos se alzaban los árboles.

The twigs overhung the current thickly, and from   19.4
distance to distance a large limb of some tree
projected rigidly over the stream.
Las ramas sobresalían densamente de la corriente y, de
lejos en lejos, una gran rama de algún árbol se proyectaba
rígidamente sobre la corriente.

19.5 **It was then well on in the afternoon, the face of the forest was gloomy, and a broad strip of shadow had already fallen on the water.**

Era ya bien entrada la tarde, la cara del bosque estaba sombría y una amplia franja de sombra había caído ya sobre el agua.

19.6 **In this shadow we steamed up — very slowly, as you may imagine.**

En esta sombra remontamos el mar, muy lentamente, como podéis imaginar.

19.7 **I sheered her well inshore — the water being deepest near the bank, as the sounding-pole informed me.**

La viré muy cerca de la orilla, pues el agua era más profunda cerca de la orilla, según me informó la sonda.

20.1 **One of my hungry and forbearing friends was sounding in the bows just below me.**

Uno de mis hambrientos y resistentes amigos sonaba en la proa, justo debajo de mí.

20.2 **This steamboat was exactly like a decked scow.**

Este barco de vapor era exactamente como una balsa con cubierta.

20.3 **On the deck, there were two little teakwood houses, with doors and windows.**

En la cubierta había dos casitas de madera de teca, con puertas y ventanas.

20.4 **The boiler was in the fore-end, and the machinery right astern.**

La caldera estaba en la proa y la maquinaria a popa.

20.5 **Over the whole there was a light roof,**

Sobre el conjunto había un techo ligero,

supported on stanchions. 20.6
sostenido por puntales.

The funnel projected through that roof, 20.7
La chimenea se proyectaba a través del techo,

and in front of the funnel a small cabin built of light 20.8
planks served for a pilot-house.
y delante de la chimenea había una pequeña cabina
construida con tablones ligeros que servía de timonera.

It contained a couch, two camp-stools, a loaded 20.9
Martini-Henry leaning in one corner, a tiny table,
and the steering-wheel.
Contenía un sofá, dos taburetes, un Martini-Henry cargado
apoyado en una esquina, una mesita y el volante.

It had a wide door in front and a broad shutter at each 20.10
side.
Tenía una puerta ancha delante y una contraventana ancha
a cada lado.

All these were always thrown open, of course. 20.11
Por supuesto, siempre estaban abiertas.

I spent my days perched up there on the extreme 20.12
fore-end of that roof,
Me pasaba el día encaramado en el extremo delantero del
techo,

before the door. 20.13
delante de la puerta.

At night I slept, or tried to, on the couch. 20.14
Por la noche dormía, o lo intentaba, en el sofá.

20.15 **An athletic black belonging to some coast tribe and educated by my poor predecessor,**
Un negro atlético perteneciente a alguna tribu de la costa y educado por mi pobre predecesor,

20.16 **was the helmsman.**
era el timonel.

20.17 **He sported a pair of brass earrings, wore a blue cloth wrapper from the waist to the ankles, and thought all the world of himself.**
Llevaba un par de pendientes de latón, un pañuelo azul desde la cintura hasta los tobillos y se creía todo un hombre.

20.18 **He was the most unstable kind of fool I had ever seen.**
Era el tipo de tonto más inestable que jamás había visto.

20.19 **He steered with no end of a swagger while you were by;**
Gobernaba con gran fanfarronería mientras tú estabas cerca;

20.20 **but if he lost sight of you, he became instantly the prey of an abject funk, and would let that cripple of a steamboat get the upper hand of him in a minute.**
pero si te perdía de vista, se convertía instantáneamente en presa de un abyecto funk, y dejaba que aquel lisiado de barco de vapor se apoderara de él en un minuto.

II.B

1.1 I was looking down at the sounding-pole, and feeling much annoyed to see at each try a little more of it stick out of that river, when I saw my poleman give up on the business suddenly, and stretch himself flat on the deck, without even taking the trouble to haul his pole in.

Estaba mirando la pértiga de sondeo y me molestaba mucho ver que a cada intento sobresalía un poco más del río, cuando vi que mi pertiguista se daba por vencido de repente y se tendía en la cubierta, sin siquiera tomarse la molestia de recoger la pértiga.

1.2 He kept hold on it though, and it trailed in the water.

Sin embargo, no la soltó y se arrastró por el agua.

1.3 At the same time the fireman, whom I could also see below me, sat down abruptly before his furnace and ducked his head.

Al mismo tiempo, el fogonero, a quien también podía ver debajo de mí, se sentó bruscamente ante su horno y agachó la cabeza.

I was amazed. Then I had to look at the river mighty quick,

Me quedé asombrado. Entonces tuve que mirar al río muy deprisa,

because there was a snag in the fairway.

porque había un obstáculo en el canal.

Sticks, little sticks, were flying about — thick:

Palos, pequeños palos, volaban de un lado a otro:

they were whizzing before my nose, dropping below me, striking behind me against my pilot-house.

zumbaban delante de mi nariz, caían debajo de mí, golpeaban detrás de mí contra mi timonera.

All this time the river, the shore, the woods, were very quiet — perfectly quiet.

Durante todo este tiempo, el río, la orilla, el bosque, estaban muy silenciosos, perfectamente silenciosos.

I could only hear the heavy splashing thump of the stern-wheel and the patter of these things.

Sólo oía el fuerte golpeteo de la rueda de popa y el repiqueteo de esas cosas.

We cleared the snag clumsily. Arrows, by Jove!

Despejamos el obstáculo torpemente. ¡Flechas, por Dios!

We were being shot at!

¡Nos estaban disparando!

I stepped in quickly to close the shutter on the landside.

Me acerqué rápidamente para cerrar la persiana del lado de tierra.

1.13 That fool-helmsman, his hands on the spokes, was lifting his knees high, stamping his feet, champing his mouth, like a reined-in horse.

El tonto del timonel, con las manos en los radios, levantaba las rodillas, pataleaba y chasqueaba la boca como un caballo domado.

1.14 Confound him!

¡Maldito sea!

1.15 And we were staggering within ten feet of the bank.

Y nos tambaleábamos a menos de tres metros de la orilla.

1.16 I had to lean right out to swing the heavy shutter, and I saw a face amongst the leaves on the level with my own, looking at me very fierce and steady;

Tuve que asomarme para abrir la pesada contraventana, y vi entre las hojas, a la altura de la mía, un rostro que me miraba con gran fiereza y firmeza;

1.17 and then suddenly, as though a veil had been removed from my eyes, I made out, deep in the tangled gloom, naked breasts, arms, legs, glaring eyes — the bush was swarming with human limbs in movement, glistening of bronze colour.

y de pronto, como si me hubieran quitado un velo de los ojos, distinguí, en lo más profundo de la enmarañada penumbra, pechos desnudos, brazos, piernas, ojos brillantes: el arbusto estaba lleno de miembros humanos en movimiento, relucientes de color bronce.

1.18 The twigs shook, swayed, and rustled, the arrows flew out of them, and then the shutter came to.

Las ramas se agitaron, se balancearon y crujieron, las flechas salieron volando de ellas, y entonces el postigo se cerró.

'Steer her straight,' I said to the helmsman. 1.19

'Condúcelo derecho,' le dije al timonel.

He held his head rigid, face forward; 1.20

Él mantenía la cabeza rígida, la cara hacia adelante;

but his eyes rolled, he kept on lifting and setting 1.21
down his feet gently, his mouth foamed a little.

pero sus ojos giraban, seguía levantando y bajando los pies
suavemente, su boca espumaba un poco.

'Keep quiet!' I said in a fury. 1.22

'¡Cállate!' dije con furia.

I might just as well have ordered a tree not to sway in 1.23
the wind.

También podría haber ordenado a un árbol que no se
balanceara con el viento.

I darted out. 1.24

Salí corriendo.

Below me there was a great scuffle of feet on the iron 1.25
deck;

Debajo de mí se oyó un gran ruido de pies sobre la cubierta
de hierro;

confused exclamations; a voice screamed, 'Can you 1.26
turn back?'

exclamaciones confusas; una voz gritó: "¿Podéis dar la
vuelta?"

I caught sight of a V-shaped ripple on the water ahead. 1.27
What?

Vi una ondulación en forma de V en el agua. ¿Qué?

Another snag! A fusillade burst out under my feet. 1.28

Otro obstáculo! Una descarga estalló bajo mis pies.

1.29 The pilgrims had opened with their Winchesters,
Los peregrinos habían abierto con sus Winchester,

1.30 and were simply squirting lead into that bush.
y eran simplemente chorros de plomo en ese arbusto.

1.31 A deuce of a lot of smoke came up and drove slowly forward.
Salió un montón de humo y avanzó lentamente.

1.32 I swore at it.
Maldije por ello.

1.33 Now I couldn't see the ripple or the snag either.
Ahora tampoco podía ver la ondulación ni el enganche.

1.34 I stood in the doorway, peering, and the arrows came in swarms.
Me quedé en la puerta, espiando, y las flechas llegaron en enjambres.

1.35 They might have been poisoned,
Puede que estuvieran envenenadas,

1.36 but they looked as though they wouldn't kill a cat.
pero parecía que no matarían ni a un gato.

1.37 The bush began to howl.
El arbusto empezó a aullar.

1.38 Our wood-cutters raised a warlike whoop;
Nuestros leñadores lanzaron un grito de guerra;

1.39 the report of a rifle just at my back deafened me.
el ruido de un rifle a mi espalda me ensordeció.

I glanced over my shoulder,   1.40
Miré por encima del hombro,

and the pilot-house was yet full of noise and smoke   1.41
when I made a dash at the wheel.
y la caseta del piloto estaba aún llena de ruido y humo
cuando me lancé al timón.

The fool-nigger had dropped everything, to throw the   1.42
shutter open and let off that Martini-Henry.
El muy imbécil lo había dejado todo para abrir la persiana y
dejar escapar a aquel Martini-Henry.

He stood before the wide opening, glaring, and I   1.43
yelled at him to come back, while I straightened the
sudden twist out of that steamboat.
Se quedó de pie ante la amplia abertura, mirando fijamente,
y yo le grité que regresara, mientras enderezaba el
repentino giro de aquel barco de vapor.

There was no room to turn even if I had wanted to,   1.44
the snag was somewhere very near ahead in that
confounded smoke, there was no time to lose, so I
just crowded her into the bank — right into the bank,
where I knew the water was deep.
No había espacio para girar aunque hubiera querido, el
inconveniente estaba en algún lugar muy cerca, delante, en
aquel humo confuso, no había tiempo que perder, así que lo
metí en la orilla, justo en la orilla, donde sabía que el agua
era profunda.

We tore slowly along the overhanging bushes in a   2.1
whirl of broken twigs and flying leaves.
Avanzamos lentamente por los arbustos salientes en un
torbellino de ramas rotas y hojas voladoras.

2.2　The fusillade below stopped short,

La balacera de abajo se detuvo en seco,

2.3　as I had foreseen it would when the squirts got empty.

como había previsto que ocurriría cuando los chorros se vaciaran.

2.4　I threw my head back to a glinting whizz that traversed the pilot-house,

Eché la cabeza hacia atrás ante un reluciente silbido que atravesaba la timonera,

2.5　in at one shutter-hole and out at the other.

entrando por un postigo y saliendo por el otro.

2.6　Looking past that mad helmsman, who was shaking the empty rifle and yelling at the shore, I saw vague forms of men running bent double, leaping, gliding, distinct, incomplete, evanescent.

Mirando más allá del loco timonel, que agitaba el rifle vacío y gritaba a la orilla, vi vagas formas de hombres que corrían doblados, saltando, planeando, distintas, incompletas, evanescentes.

2.7　Something big appeared in the air before the shutter, the rifle went overboard, and the man stepped back swiftly, looked at me over his shoulder in an extraordinary, profound, familiar manner, and fell upon my feet.

Algo grande apareció en el aire ante el obturador, el rifle se fue por la borda, y el hombre retrocedió rápidamente, me miró por encima del hombro de un modo extraordinario, profundo, familiar, y cayó sobre mis pies.

2.8　The side of his head hit the wheel twice,

La parte lateral de su cabeza golpeó dos veces la rueda,

and the end of what appeared a long cane clattered round and knocked over a little camp-stool. 2.9

y la punta de lo que parecía un largo bastón dio vueltas y derribó un pequeño taburete de campamento.

It looked as though after wrenching that thing from somebody ashore he had lost his balance in the effort. 2.10

Parecía como si, después de arrancárselo a alguien de la orilla, hubiera perdido el equilibrio en el esfuerzo.

The thin smoke had blown away, we were clear of the snag, and looking ahead I could see that in another hundred yards or so I would be free to sheer off, away from the bank; 2.11

El humo se había disipado, nos habíamos librado del escollo y, al mirar hacia delante, vi que en unos cien metros más estaría libre para alejarme de la orilla;

but my feet felt so very warm and wet that I had to look down. 2.12

pero sentía los pies tan calientes y húmedos que tuve que mirar hacia abajo.

The man had rolled on his back and stared straight up at me; 2.13

El hombre había rodado sobre su espalda y me miraba fijamente;

both his hands clutched that cane. 2.14

ambas manos aferraban aquel bastón.

It was the shaft of a spear that, either thrown or lunged through the opening, had caught him in the side, just below the ribs; 2.15

Era el asta de una lanza que, arrojada o lanzada a través de la abertura, le había alcanzado en el costado, justo debajo de las costillas;

2.16 the blade had gone in out of sight,
la hoja había entrado hasta perderse de vista,

2.17 after making a frightful gash; my shoes were full;
después de hacer un tajo espantoso; mis zapatos estaban llenos;

2.18 a pool of blood lay very still,
un charco de sangre yacía muy quieto,

2.19 gleaming dark-red under the wheel;
brillando de un rojo oscuro bajo la rueda;

2.20 his eyes shone with an amazing lustre.
sus ojos brillaban con un fulgor asombroso.

2.21 The fusillade burst out again.
La descarga estalló de nuevo.

2.22 He looked at me anxiously, gripping the spear like something precious, with an air of being afraid I would try to take it away from him.
Me miró ansioso, agarrando la lanza como si fuera algo precioso, con aire de temer que intentara quitársela.

2.23 I had to make an effort to free my eyes from his gaze and attend to the steering.
Tuve que hacer un esfuerzo para liberar mis ojos de su mirada y atender a la dirección.

2.24 With one hand I felt above my head for the line of the steam whistle, and jerked out screech after screech hurriedly.
Con una mano busqué por encima de mi cabeza la línea del silbato de vapor y emití apresuradamente un chirrido tras otro.

The tumult of angry and warlike yells was checked   2.25
instantly, and then from the depths of the woods
went out such a tremulous and prolonged wail of
mournful fear and utter despair as may be imagined
to follow the flight of the last hope from the earth.

El tumulto de gritos furiosos y belicosos se detuvo al
instante, y luego, desde las profundidades del bosque, se
oyó un aullido tan trémulo y prolongado de lúgubre temor y
desesperación absoluta, como puede imaginarse que sigue a
la huida de la última esperanza de la tierra.

There was a great commotion in the bush;   2.26

Hubo una gran conmoción en la espesura;

the shower of arrows stopped, a few dropping shots   2.27
rang out sharply — then silence, in which the languid
beat of the stern-wheel came plainly to my ears.

cesó la lluvia de flechas, sonaron con fuerza algunos
disparos que caían, y luego silencio, en el que el lánguido
golpeteo de la rueda de popa llegó claramente a mis oídos.

I put the helm hard a-starboard at the moment when   2.28
the pilgrim in pink pyjamas, very hot and agitated,
appeared in the doorway.

Puse el timón fuertemente a estribor en el momento en
que el peregrino del pijama rosa, muy acalorado y agitado,
apareció en la puerta.

'The manager sends me — ' he began in an official   2.29
tone, and stopped short.

El gerente me envía — ," empezó en tono oficial, y se detuvo
en seco.

'Good God!' he said, glaring at the wounded man.   2.30

'Por Dios!' dijo, mirando al hombre herido.

3.1 We two whites stood over him, and his lustrous and inquiring glance enveloped us both.

Nosotros, los dos blancos, permanecimos de pie junto a él, y su mirada lustrosa e inquisitiva nos envolvió a ambos.

3.2 I declare it looked as though he would presently put to us some questions in an understandable language;

Declaro que parecía que pronto nos haría algunas preguntas en un lenguaje comprensible;

3.3 but he died without uttering a sound, without moving a limb, without twitching a muscle.

pero murió sin emitir un sonido, sin mover un miembro, sin mover un músculo.

3.4 Only in the very last moment, as though in response to some sign we could not see, to some whisper we could not hear, he frowned heavily, and that frown gave to his black death-mask an inconceivably sombre, brooding, and menacing expression.

Sólo en el último momento, como en respuesta a alguna señal que no podíamos ver, a algún susurro que no podíamos oír, frunció pesadamente el ceño, y ese ceño dio a su negra máscara mortuoria una expresión inconcebiblemente sombría, melancólica y amenazadora.

3.5 The lustre of inquiring glance faded swiftly into vacant glassiness.

El brillo de su mirada inquisitiva se desvaneció rápidamente en una vacía vidriosidad.

3.6 'Can you steer?' I asked the agent eagerly.

'¿Sabe usted conducir?' pregunté al agente con impaciencia.

3.7 He looked very dubious; but I made a grab at his arm,

Parecía muy dubitativo,

and he understood at once I meant him to steer
whether or no.

3.8

pero le agarré del brazo y comprendió de inmediato que
quería que condujera o no.

To tell you the truth,

3.9

A decir verdad,

I was morbidly anxious to change my shoes and
socks.

3.10

estaba morbosamente ansioso por cambiarme los zapatos y
los calcetines.

'He is dead,' murmured the fellow, immensely
impressed.

3.11

Está muerto," murmuró el tipo, inmensamente
impresionado.

'No doubt about it,' said I, tugging like mad at the
shoe-laces.

3.12

No hay duda - dije yo, tirando como un loco de los cordones
de los zapatos-.

'And by the way, I suppose Mr. Kurtz is dead as well
by this time.'

3.13

Y, por cierto, supongo que el señor Kurtz también estará
muerto a estas horas.'

For the moment that was the dominant thought.

4.1

Por el momento, ése fue el pensamiento dominante.

There was a sense of extreme disappointment,

4.2

Tuve una sensación de extrema decepción,

4.3 **as though I had found out I had been striving after something altogether without a substance.**

como si hubiera descubierto que me había esforzado por conseguir algo sin sustancia.

4.4 **I couldn't have been more disgusted if I had travelled all this way for the sole purpose of talking with Mr. Kurtz.**

No podría haberme disgustado más si hubiera viajado hasta aquí con el único propósito de hablar con el señor Kurtz.

4.5 **Talking with ...I flung one shoe overboard,**

Hablar con ...Arrojé un zapato por la borda,

4.6 **and became aware that that was exactly what I had been looking forward to — a talk with Kurtz.**

y fui consciente de que eso era exactamente lo que había estado esperando: una charla con Kurtz.

4.7 **I made the strange discovery that I had never imagined him as doing, you know, but as discoursing.**

Hice el extraño descubrimiento de que nunca me lo había imaginado haciendo, ya sabe, sino disertando.

4.8 **I didn't say to myself, 'Now I will never see him,' or**

No me dije: "Ahora nunca le veré," o

4.9 **'Now I will never shake him by the hand,' but,**

"Ahora nunca le estrecharé la mano," sino,

4.10 **'Now I will never hear him.'**

"Ahora nunca le oiré."

4.11 **The man presented himself as a voice.**

El hombre se presentaba como una voz.

Not of course that I did not connect him with some sort of action. 4.12

No es que yo no lo relacionara con algún tipo de acción.

Hadn't I been told in all the tones of jealousy and admiration that he had collected, bartered, swindled, or stolen more ivory than all the other agents together? 4.13

¿No me habían dicho en todos los tonos de celos y admiración que había recogido, trocado, estafado o robado más marfil que todos los demás agentes juntos?

That was not the point. 4.14

No se trataba de eso.

The point was in his being a gifted creature, and that of all his gifts the one that stood out preeminently, that carried with it a sense of real presence, was his ability to talk, his words — the gift of expression, the bewildering, the illuminating, the most exalted and the most contemptible, the pulsating stream of light, or the deceitful flow from the heart of an impenetrable darkness. 4.15

La cuestión estaba en que era una criatura dotada, y que de todos sus dones el que sobresalía preeminentemente, el que llevaba consigo una sensación de presencia real, era su capacidad para hablar, sus palabras: el don de la expresión, la desconcertante, la iluminadora, la más exaltada y la más despreciable, la pulsante corriente de luz o el engañoso flujo desde el corazón de una oscuridad impenetrable.

The other shoe went flying unto the devil-god of that river. 5.1

El otro zapato salió volando hacia el dios-diablo de ese río.

5.2 I thought, 'By Jove! it's all over. We are too late;

Pensé: "¡Caramba! Se acabó. Hemos llegado demasiado
tarde;

5.3 he has vanished — the gift has vanished, by means of
some spear, arrow, or club.

él se ha desvanecido, el don se ha desvanecido, por medio
de alguna lanza, flecha o garrote.

5.4 I will never hear that chap speak after all' — and my
sorrow had a startling extravagance of emotion, even
such as I had noticed in the howling sorrow of these
savages in the bush.

Después de todo, nunca oiré hablar a ese tipo — y mi pena
tuvo una sorprendente extravagancia de emoción, incluso
como la que había notado en la aullante pena de aquellos
salvajes en la espesura.

5.5 I couldn't have felt more of lonely desolation
somehow, had I been robbed of a belief or had missed
my destiny in life ...Why do you sigh in this beastly
way, somebody?

No podría haber sentido más desolación solitaria si me
hubieran robado una creencia o hubiera perdido mi destino
en la vida ...¿Por qué suspiras de esta manera tan bestial,
alguien?

5.6 Absurd? Well, absurd. Good Lord!

¿Absurdo? Bueno, absurdo. ¡Dios mío!

5.7 mustn't a man ever — Here, give me some tobacco.
" ...

No debe un hombre nunca — Toma, dame un poco de
tabaco. " ...

There was a pause of profound stillness, then a match flared, and Marlow's lean face appeared, worn, hollow, with downward folds and dropped eyelids, with an aspect of concentrated attention; 6.1

Hubo una pausa de profunda quietud, luego se encendió una cerilla y apareció el rostro delgado de Marlow, ajado, hueco, con los pliegues hacia abajo y los párpados caídos, con un aspecto de concentrada atención;

and as he took vigorous draws at his pipe, 6.2

y mientras daba vigorosas caladas a su pipa,

it seemed to retreat and advance out of the night in the regular flicker of tiny flame. 6.3

ésta parecía retroceder y avanzar fuera de la noche en el parpadeo regular de una llama diminuta.

The match went out. 6.4

La cerilla se apagó.

"Absurd!" he cried. 7.1

"¡Absurdo!" gritó.

"This is the worst of trying to tell ...Here you all are, each moored with two good addresses, like a hulk with two anchors, a butcher round one corner, a policeman round another, excellent appetites, and temperature normal - 7.2

"Esto es lo peor de intentar contarlo ...Aquí estáis todos, cada uno amarrado con dos buenas direcciones, como un armatoste con dos anclas, un carnicero a la vuelta de una esquina, un policía a la vuelta de otra, excelentes apetitos, y temperatura normal -

you hear - normal from year's end to year's end. 7.3

oyes - normal de fin de año a fin de año.

7.4 **And you say, Absurd! Absurd be — exploded! Absurd!**
Y tú dices: ¡Absurdo! ¡Absurdo sea explotado! ¡Absurdo!

7.5 **My dear boys,**
Mis queridos muchachos,

7.6 **what can you expect from a man who out of sheer nervousness had just flung overboard a pair of new shoes!**
¡qué se puede esperar de un hombre que por puro nerviosismo acaba de tirar por la borda un par de zapatos nuevos!

7.7 **Now I think of it, it is amazing I did not shed tears.**
Ahora que lo pienso, es increíble que no derramara lágrimas.

7.8 **I am, upon the whole, proud of my fortitude.**
En general, estoy orgulloso de mi fortaleza.

7.9 **I was cut to the quick at the idea of having lost the inestimable privilege of listening to the gifted Kurtz.**
La idea de haber perdido el inestimable privilegio de escuchar al talentoso Kurtz me dejó helado.

7.10 **Of course I was wrong. The privilege was waiting for me.**
Por supuesto, me equivoqué. El privilegio me estaba esperando.

7.11 **Oh, yes, I heard more than enough. And I was right, too.**
Oh, sí, escuché más que suficiente. Y también tenía razón.

7.12 **A voice. He was very little more than a voice.**
Una voz. Era poco más que una voz.

And I heard — him — it — this voice — other voices —   7.13
all of them were so little more than voices — and
the memory of that time itself lingers around me,
impalpable, like a dying vibration of one immense
jabber, silly, atrocious, sordid, savage, or simply
mean, without any kind of sense.

Y oí-él-esta voz-otras voces-todas ellas eran tan poco más
que voces-y el recuerdo mismo de aquella época perdura a
mi alrededor, impalpable, como una vibración moribunda
de un inmenso parloteo, tonto, atroz, sórdido, salvaje, o
simplemente mezquino, sin ningún tipo de sentido.

Voices, voices — even the girl herself — now — "   7.14

Voces, voces - incluso la propia chica - ahora ..."

He was silent for a long time.   8.1

Guardó silencio durante mucho tiempo.

"I laid the ghost of his gifts at last with a lie,"   9.1

"Despedí al fantasma de sus regalos al fin con una mentira,"

he began, suddenly. "Girl! What?   9.2

empezó, de repente. "¡Chica! ¿Qué?

Did I mention a girl? Oh,   9.3

¿He mencionado a una chica? Oh,

she is out of it — completely.   9.4

ella está fuera de esto — completamente.

They — the women, I mean — are out of it —   9.5
should be out of it.

Ellas, las mujeres, quiero decir, están fuera de sí, deberían
estar fuera de sí.

9.6   We must help them to stay in that beautiful world of their own,

Debemos ayudarlas a permanecer en su hermoso mundo,

9.7   lest ours gets worse. Oh,

no sea que el nuestro empeore. Oh,

9.8   she had to be out of it.

ella tenía que estar fuera de eso.

9.9   You should have heard the disinterred body of Mr. Kurtz saying,

Deberías haber oído el cuerpo desenterrado del Sr. Kurtz diciendo,

9.10   'My Intended.'

"Mi intención."

9.11   You would have perceived directly then how completely she was out of it.

Habrías percibido directamente lo completamente fuera de sí que estaba.

9.12   And the lofty frontal bone of Mr. Kurtz!

¡Y el altivo hueso frontal del Sr. Kurtz!

9.13   They say the hair goes on growing sometimes, but this — ah — specimen, was impressively bald.

Dicen que a veces el pelo sigue creciendo, pero este espécimen era impresionantemente calvo.

9.14   The wilderness had patted him on the head, and, behold, it was like a ball — an ivory ball;

La naturaleza le había dado unas palmaditas en la cabeza y, he aquí, era como una pelota, una pelota de marfil;

9.15   it had caressed him, and — lo! — he had withered;

le había acariciado y — ¡hala! — se había marchitado;

it had taken him, loved him, embraced him, got into
his veins, consumed his flesh, and sealed his soul
to its own by the inconceivable ceremonies of some
devilish initiation.

9.16

le había tomado, le había amado, le había abrazado, se
había metido en sus venas, había consumido su carne y
había sellado su alma a la suya mediante las inconcebibles
ceremonias de alguna iniciación diabólica.

He was its spoiled and pampered favourite. Ivory?

9.17

Era su favorito mimado y consentido. ¿Marfil?

I should think so. Heaps of it, stacks of it.

9.18

Eso creo. Montones y montones.

The old mud shanty was bursting with it.

9.19

La vieja choza de barro estaba repleta de él.

You would think there was not a single tusk left
either above or below the ground in the whole
country.

9.20

Se diría que no quedaba un solo colmillo, ni en la superficie
ni bajo tierra, en todo el país.

'Mostly fossil,' the manager had remarked,
disparagingly.

9.21

La mayoría son fósiles," había dicho despectivamente el
encargado.

It was no more fossil than I am;

9.22

No era más fósil que yo;

but they call it fossil when it is dug up.

9.23

pero lo llaman fósil cuando lo desentierran.

9.24 It appears these niggers do bury the tusks sometimes — but evidently they couldn't bury this parcel deep enough to save the gifted Mr. Kurtz from his fate.

Parece que estos negros entierran los colmillos a veces, pero evidentemente no pudieron enterrar este paquete lo bastante profundo como para salvar al talentoso señor Kurtz de su destino.

9.25 We filled the steamboat with it,

Llenamos el barco de vapor con ella,

9.26 and had to pile a lot on the deck.

y tuvimos que amontonar un montón en la cubierta.

9.27 Thus he could see and enjoy as long as he could see,

Así pudo ver y disfrutar mientras pudo ver,

9.28 because the appreciation of this favour had remained with him to the last.

porque el agradecimiento por este favor había permanecido con él hasta el final.

9.29 You should have heard him say, 'My ivory.'

Deberías haberle oído decir: "Mi marfil."

9.30 Oh, yes, I heard him.

Oh, sí, le oí.

9.31 'My Intended, my ivory, my station, my river, my — '

"Mi intención, mi marfil, mi estación, mi río, mi — "

9.32 everything belonged to him.

Todo le pertenecía.

It made me hold my breath in expectation of hearing
the wilderness burst into a prodigious peal of
laughter that would shake the fixed stars in their
places. 9.33

Aquello me hizo contener la respiración, a la espera de oír
estallar el desierto en una carcajada prodigiosa que haría
temblar las estrellas fijas en su sitio.

Everything belonged to him — but that was a trifle. 9.34

Todo le pertenecía, pero eso era una nimiedad.

The thing was to know what he belonged to, 9.35

La cuestión era saber a qué pertenecía,

how many powers of darkness claimed him for their
own. 9.36

cuántos poderes de la oscuridad lo reclamaban para sí.

That was the reflection that made you creepy all over. 9.37

Ése era el reflejo que te ponía los pelos de punta.

It was impossible - it was not good for one either - 9.38

Era imposible - tampoco era bueno para uno -

trying to imagine. 9.39

tratar de imaginarlo.

He had taken a high seat amongst the devils of the
land - 9.40

Había tomado un alto asiento entre los demonios de la
tierra -

I mean literally. You can't understand. 9.41

quiero decir literalmente. No se puede entender.

9.42 **How could you? — with solid pavement under your feet,**

¿Cómo podría usted — con el sólido pavimento bajo sus pies,

9.43 **surrounded by kind neighbours ready to cheer you or to fall on you,**

rodeado de amables vecinos dispuestos a animarle o a caer sobre usted,

9.44 **stepping delicately between the butcher and the policeman,**

caminando delicadamente entre el carnicero y el policía,

9.45 **in the holy terror of scandal and gallows and lunatic asylums — how can you imagine what particular region of the first ages a man's untrammelled feet may take him into by the way of solitude — utter solitude without a policeman — by the way of silence — utter silence,**

en el santo terror del escándalo y la horca y los manicomios — cómo puede usted imaginar a qué región concreta de las primeras edades pueden llevarle los pies libres de trabas de un hombre por el camino de la soledad — la soledad absoluta sin policía — por el camino del silencio — el silencio absoluto,

9.46 **where no warning voice of a kind neighbour can be heard whispering of public opinion?**

donde no puede oírse la voz de advertencia de un amable vecino que susurre a la opinión pública?

9.47 **These little things make all the great difference.**

Estas pequeñas cosas marcan la gran diferencia.

When they are gone you must fall back upon your own innate strength, upon your own capacity for faithfulness.

9.48

Cuando desaparecen, debes recurrir a tu propia fuerza innata, a tu propia capacidad de fidelidad.

Of course you may be too much of a fool to go wrong — too dull even to know you are being assaulted by the powers of darkness.

9.49

Por supuesto, puedes ser demasiado tonto para equivocarte, demasiado torpe incluso para saber que estás siendo asaltado por los poderes de las tinieblas.

I take it, no fool ever made a bargain for his soul with the devil; the fool is too much of a fool, or the devil too much of a devil — I don't know which.

9.50

Supongo que ningún tonto ha hecho nunca un trato por su alma con el diablo; el tonto es demasiado tonto, o el diablo demasiado diablo; no sé cuál de las dos cosas.

Or you may be such a thunderingly exalted creature as to be altogether deaf and blind to anything but heavenly sights and sounds.

9.51

O puedes ser una criatura tan estruendosamente exaltada que seas completamente sordo y ciego a todo lo que no sean vistas y sonidos celestiales.

Then the earth for you is only a standing place — and whether to be like this is your loss or your gain I won't pretend to say.

9.52

Entonces la tierra para ti es sólo un lugar donde puedes estar parado, y no voy a pretender decir si ser así es tu pérdida o tu ganancia.

But most of us are neither one nor the other.

9.53

Pero la mayoría de nosotros no somos ni lo uno ni lo otro.

9.54 The earth for us is a place to live in, where we must put up with sights, with sounds, with smells, too, by Jove! — breathe dead hippo, so to speak, and not be contaminated.

Para nosotros, la tierra es un lugar donde vivir, donde debemos soportar las vistas, los sonidos y también los olores, por Dios, respirar hipopótamo muerto, por así decirlo, y no contaminarnos.

9.55 And there, don't you see?

Y ahí, ¿no lo ves?

9.56 Your strength comes in, the faith in your ability for the digging of unostentatious holes to bury the stuff in — your power of devotion, not to yourself, but to an obscure, back-breaking business.

Tu fuerza entra en juego, la fe en tu capacidad para cavar agujeros poco ostentosos en los que enterrar el material, tu poder de devoción, no a ti mismo, sino a un negocio oscuro y agotador.

9.57 And that's difficult enough.

Y eso es bastante difícil.

9.58 Mind, I am not trying to excuse or even explain — I am trying to account to myself for — for — Mr. Kurtz — for the shade of Mr. Kurtz.

Ojo, no estoy tratando de excusar, ni siquiera de explicar, estoy tratando de explicarme a mí mismo por el Sr. Kurtz, por la sombra del Sr. Kurtz.

9.59 This initiated wraith from the back of Nowhere honoured me with its amazing confidence before it vanished altogether.

Este iniciado espectro del fondo de Ninguna Parte me honró con su asombrosa confianza antes de desaparecer del todo.

This was because it could speak English to me. 9.60
Esto se debía a que podía hablarme en inglés.

The original Kurtz had been educated partly in 9.61
England,
El Kurtz original había sido educado en parte en Inglaterra,

and - as he was good enough to say himself - 9.62
y - como él mismo tenía la bondad de decir -

his sympathies were in the right place. 9.63
sus simpatías estaban en el lugar correcto.

His mother was half-English, his father was half- 9.64
French.
Su madre era medio inglesa, su padre medio francés.

All Europe contributed to the making of Kurtz; 9.65
Toda Europa contribuyó a la formación de Kurtz;

and by and by I learned that, most appropriately, the 9.66
International Society for the Suppression of Savage
Customs had intrusted him with the making of a
report, for its future guidance.
y más tarde me enteré de que, muy apropiadamente,
la Sociedad Internacional para la Supresión de las
Costumbres Salvajes le había encomendado la redacción de
un informe, para su futura orientación.

And he had written it, too. I've seen it. I've read it. 9.67
Y también lo había escrito. Lo he visto. Lo he leído.

It was eloquent, vibrating with eloquence, but too 9.68
high-strung, I think.
Era elocuente, vibraba con elocuencia, pero demasiado
exagerado, creo.

9.69 **Seventeen pages of close writing he had found time for!**
¡Diecisiete páginas de escritura minuciosa para las que había encontrado tiempo!

9.70 **But this must have been before his - let us say -**
Pero esto debió ser antes de que sus - digamos -

9.71 **nerves, went wrong, and caused him to preside at certain midnight dances ending with unspeakable rites, which -**
nervios se pusieran de punta y le hicieran presidir ciertos bailes de medianoche que terminaban con ritos indecibles, los cuales -

9.72 **as far as I reluctantly gathered from what I heard at various times -**
por lo que deduje a regañadientes de lo que oí en varias ocasiones -

9.73 **were offered up to him - do you understand?**
le fueron ofrecidos - ¿comprende usted?

9.74 **– to Mr. Kurtz himself.**
– al propio señor Kurtz.

9.75 **But it was a beautiful piece of writing.**
Pero era un hermoso escrito.

9.76 **The opening paragraph, however, in the light of later information, strikes me now as ominous.**
El párrafo inicial, sin embargo, a la luz de la información posterior, me parece ominoso.

9.77 **He began with the argument that we whites, from the point of development we had arrived at,**
Comenzaba con el argumento de que nosotros, los blancos, desde el punto de desarrollo al que habíamos llegado,

'must necessarily appear to them [savages] in the
nature of supernatural beings — we approach them
with the might of a deity,'

"debemos necesariamente parecerles [a los salvajes] seres
sobrenaturales; nos acercamos a ellos con el poder de una
deidad,"

and so on, and so on.

etcétera, etcétera.

'By the simple exercise of our will we can exert a
power for good practically unbounded,' etc., etc.
From that point he soared and took me with him.

Por el simple ejercicio de nuestra voluntad podemos ejercer
un poder para el bien prácticamente ilimitado," etc., etc. A
partir de ahí se elevó y me llevó con él.

The peroration was magnificent, though difficult to
remember, you know.

La perorata fue magnífica, aunque difícil de recordar.

It gave me the notion of an exotic Immensity ruled by
an august Benevolence.

Me dio la noción de una exótica Inmensidad gobernada por
una augusta Benevolencia.

It made me tingle with enthusiasm.

Me hizo estremecer de entusiasmo.

This was the unbounded power of eloquence — of
words — of burning noble words.

Era el poder ilimitado de la elocuencia, de las palabras, de
las nobles palabras ardientes.

9.85 There were no practical hints to interrupt the magic current of phrases, unless a kind of note at the foot of the last page, scrawled evidently much later, in an unsteady hand, may be regarded as the exposition of a method.

No había consejos prácticos que interrumpieran la mágica corriente de frases, a menos que una especie de nota al pie de la última página, garabateada evidentemente mucho después, con mano inestable, pueda considerarse la exposición de un método.

9.86 It was very simple, and at the end of that moving appeal to every altruistic sentiment it blazed at you, luminous and terrifying, like a flash of lightning in a serene sky:

Era muy sencillo, y al final de aquel conmovedor llamamiento a todos los sentimientos altruistas resplandecía, luminoso y aterrador, como un relámpago en un cielo sereno:

9.87 'Exterminate all the brutes!'

"¡Exterminad a todos los brutos!"

9.88 The curious part was that he had apparently forgotten all about that valuable postscriptum, because, later on, when he in a sense came to himself, he repeatedly entreated me to take good care of

Lo curioso es que, al parecer, se había olvidado por completo de aquel valioso epílogo, porque, más tarde, cuando en cierto modo volvió en sí, me suplicó repetidamente que cuidara bien de

9.89 'my pamphlet' (he called it),

"mi panfleto" (así lo llamaba),

as it was sure to have in the future a good influence upon his career. 9.90

pues estaba seguro de que en el futuro ejercería una buena influencia en su carrera.

I had full information about all these things, and, besides, as it turned out, I was to have the care of his memory. 9.91

Yo tenía plena información sobre todas estas cosas y, además, tal como resultó, iba a tener el cuidado de su memoria.

I've done enough for it to give me the indisputable right to lay it, if I choose, for an everlasting rest in the dust-bin of progress, amongst all the sweepings and, figuratively speaking, all the dead cats of civilization. 9.92

He hecho lo suficiente por él como para tener el derecho indiscutible de depositarlo, si así lo deseo, para un descanso eterno en el cubo de basura del progreso, entre todos los desechos y, hablando en sentido figurado, todos los gatos muertos de la civilización.

But then, you see, I can't choose. He won't be forgotten. 9.93

Pero entonces, ya ves, no puedo elegir. No será olvidado.

Whatever he was, he was not common. 9.94

Fuera lo que fuese, no era común.

He had the power to charm or frighten rudimentary souls into an aggravated witch-dance in his honour; 9.95

Tenía el poder de encantar o asustar a las almas rudimentarias para que bailaran una agravada danza de brujas en su honor;

234

9.96 he could also fill the small souls of the pilgrims with bitter misgivings:

también podía llenar de amargos recelos las pequeñas almas de los peregrinos:

9.97 he had one devoted friend at least,

al menos tenía un amigo devoto,

9.98 and he had conquered one soul in the world that was neither rudimentary nor tainted with self-seeking.

y había conquistado un alma en el mundo que no era ni rudimentaria ni estaba manchada de egoísmo.

9.99 No; I can't forget him,

No; no puedo olvidarle,

9.100 though I am not prepared to affirm the fellow was exactly worth the life we lost in getting to him.

aunque no estoy dispuesto a afirmar que el tipo mereciera exactamente la vida que perdimos para llegar hasta él.

9.101 I missed my late helmsman awfully — I missed him even while his body was still lying in the pilot-house.

Eché muchísimo de menos a mi difunto timonel; le eché de menos incluso cuando su cuerpo yacía en la timonera.

9.102 Perhaps you will think it passing strange this regret for a savage who was no more account than a grain of sand in a black Sahara.

Tal vez le parezca extraño este lamento pasajero por un salvaje que no era más importante que un grano de arena en el negro Sahara.

9.103 Well, don't you see, he had done something, he had steered; for months I had him at my back — a help — an instrument.

Durante meses lo tuve a mi espalda, como una ayuda, como un instrumento.

It was a kind of partnership. 9.104

Era una especie de sociedad.

He steered for me — I had to look after him, I worried 9.105
about his deficiencies, and thus a subtle bond had
been created, of which I only became aware when it
was suddenly broken.

Él dirigía por mí, yo tenía que cuidar de él, me preocupaba
de sus deficiencias, y así se había creado un vínculo sutil,
del que sólo fui consciente cuando se rompió de repente.

And the intimate profundity of that look he gave me 9.106
when he received his hurt remains to this day in my
memory — like a claim of distant kinship affirmed in
a supreme moment.

Y la profundidad íntima de aquella mirada que me dirigió
cuando recibió su herida permanece hasta hoy en mi
memoria, como una reivindicación de parentesco lejano
afirmada en un momento supremo.

Poor fool! If he had only left that shutter alone. 10.1

¡Pobre tonto! Si hubiera dejado esa persiana en paz.

He had no restraint, no restraint — just like Kurtz — a 10.2
tree swayed by the wind.

No tenía freno, ningún freno, igual que Kurtz, un árbol
mecido por el viento.

As soon as I had put on a dry pair of slippers, I 10.3
dragged him out, after first jerking the spear out
of his side, which operation I confess I performed
with my eyes shut tight.

En cuanto me hube puesto un par de zapatillas secas, lo
saqué a rastras, después de sacarle primero la lanza del
costado, operación que confieso que realicé con los ojos
bien cerrados.

10.4 His heels leaped together over the little doorstep;
Sus talones saltaron juntos sobre el pequeño umbral;

10.5 his shoulders were pressed to my breast;
sus hombros se apretaron contra mi pecho;

10.6 I hugged him from behind desperately. Oh! he was heavy, heavy;
le abracé por detrás desesperadamente. Era pesado, muy pesado;

10.7 heavier than any man on earth, I should imagine.
más pesado que cualquier hombre sobre la tierra, me imagino.

10.8 Then without more ado I tipped him overboard.
Entonces, sin más preámbulos, lo lancé por la borda.

10.9 The current snatched him as though he had been a wisp of grass,
La corriente lo arrastró como si fuera una brizna de hierba,

10.10 and I saw the body roll over twice before I lost sight of it for ever.
y vi rodar el cuerpo dos veces antes de perderlo de vista para siempre.

10.11 All the pilgrims and the manager were then congregated on the awning-deck about the pilot-house, chattering at each other like a flock of excited magpies, and there was a scandalized murmur at my heartless promptitude.
Todos los peregrinos y el encargado se congregaron entonces en la cubierta de toldos, alrededor de la caseta del piloto, charlando entre sí como una bandada de urracas excitadas, y hubo un murmullo escandalizado por mi desalmada prontitud.

What they wanted to keep that body hanging about for I can't guess.

No puedo adivinar para qué querían mantener ese cuerpo colgando.

Embalm it, maybe.

Tal vez para embalsamarlo.

But I had also heard another, and a very ominous, murmur on the deck below.

Pero también había oído otro murmullo, muy ominoso, en la cubierta de abajo.

My friends the wood-cutters were likewise scandalized, and with a better show of reason — though I admit that the reason itself was quite inadmissible.

Mis amigos los leñadores estaban igualmente escandalizados, y con una mejor demostración de razón, aunque admito que la razón en sí era bastante inadmisible.

Oh, quite!

¡Ah, sí!

I had made up my mind that if my late helmsman was to be eaten,

Yo había decidido que si mi difunto timonel iba a ser devorado,

the fishes alone should have him.

sólo los peces debían comérselo.

10.19　He had been a very second-rate helmsman while alive, but now he was dead he might have become a first-class temptation, and possibly cause some startling trouble.

En vida había sido un timonel de segunda categoría, pero ahora que estaba muerto podía convertirse en una tentación de primera, y posiblemente causar algún problema sorprendente.

10.20　Besides, I was anxious to take the wheel, the man in pink pyjamas showing himself a hopeless duffer at the business.

Además, yo estaba ansioso por tomar el timón, ya que el hombre del pijama rosa demostraba ser un inútil en la materia.

11.1　This I did directly the simple funeral was over.

Esto lo hice directamente cuando terminó el simple funeral.

11.2　We were going half-speed, keeping right in the middle of the stream, and I listened to the talk about me.

Íbamos a media velocidad, manteniéndonos justo en medio de la corriente, y escuché lo que se decía de mí.

11.3　They had given up Kurtz, they had given up the station;

Habían renunciado a Kurtz, habían renunciado a la estación;

11.4　Kurtz was dead, and the station had been burnt — and so on — and so on.

Kurtz estaba muerto, y la estación había sido quemada, y así sucesivamente.

The red-haired pilgrim was beside himself with
the thought that at least this poor Kurtz had been
properly avenged.

11.5

El pelirrojo peregrino no cabía en sí de gozo al pensar que,
al menos, el pobre Kurtz había sido vengado como era
debido.

'Say!

11.6

"¡Vaya!

We must have made a glorious slaughter of them in
the bush.

11.7

Debemos haberles hecho una gloriosa masacre en el monte.

Eh? What do you think? Say?' He positively danced,
the bloodthirsty little gingery beggar.

11.8

¿Eh? ¿Qué te parece? El pequeño mendigo sediento de
sangre bailaba.

And he had nearly fainted when he saw the wounded
man!

11.9

Y casi se desmayó cuando vio al hombre herido!

I could not help saying, 'You made a glorious lot of
smoke,

11.10

No pude evitar decir: "De todos modos,

anyhow.'

11.11

hiciste un montón de humo glorioso."

I had seen, from the way the tops of the bushes
rustled and flew, that almost all the shots had gone
too high.

11.12

Había visto, por la forma en que las copas de los arbustos
crujían y volaban, que casi todos los disparos habían ido
demasiado alto.

11.13 You can't hit anything unless you take aim and fire from the shoulder;

No se puede acertar a nada a menos que se apunte y se dispare desde el hombro;

11.14 but these chaps fired from the hip with their eyes shut.

pero aquellos tipos disparaban desde la cadera con los ojos cerrados.

11.15 The retreat, I maintained — and I was right — was caused by the screeching of the steam whistle.

La retirada, sostuve - y tenía razón-, fue causada por el chirrido del silbato de vapor.

11.16 Upon this they forgot Kurtz, and began to howl at me with indignant protests.

Se olvidaron de Kurtz y empezaron a aullarme con indignadas protestas.

12.1 The manager stood by the wheel murmuring confidentially about the necessity of getting well away down the river before dark at all events,

El director estaba junto al timón murmurando confidencialmente sobre la necesidad de alejarse río abajo antes de que oscureciera,

12.2 when I saw in the distance a clearing on the riverside and the outlines of some sort of building.

cuando vi a lo lejos un claro en la orilla del río y los contornos de una especie de edificio.

12.3 'What's this?' I asked. He clapped his hands in wonder.

'¿Qué es esto?' pregunté. Dio una palmada de asombro.

'The station!' he cried. I edged in at once,

12.4

"La estación!" gritó. Me acerqué enseguida,

still going half-speed.

12.5

todavía a media velocidad.

Through my glasses I saw the slope of a hill interspersed with rare trees and perfectly free from undergrowth.

13.1

A través de mis gafas vi la ladera de una colina entremezclada con árboles raros y perfectamente libre de maleza.

A long decaying building on the summit was half buried in the high grass;

13.2

En la cima había un edificio en ruinas semienterrado en la hierba alta;

the large holes in the peaked roof gaped black from afar;

13.3

los grandes agujeros del tejado se veían negros desde lejos;

the jungle and the woods made a background.

13.4

la selva y el bosque formaban un telón de fondo.

There was no enclosure or fence of any kind;

13.5

No había cercado ni valla de ningún tipo;

but there had been one apparently, for near the house half-a-dozen slim posts remained in a row, roughly trimmed, and with their upper ends ornamented with round carved balls.

13.6

pero aparentemente había habido uno, porque cerca de la casa quedaban media docena de postes delgados en fila, toscamente recortados y con los extremos superiores adornados con bolas redondas talladas.

13.7 The rails, or whatever there had been between, had disappeared.

Las barandillas, o lo que hubiera habido entre ellas, habían desaparecido.

13.8 Of course the forest surrounded all that.

Por supuesto, el bosque rodeaba todo aquello.

13.9 The river-bank was clear,

La orilla del río estaba despejada,

13.10 and on the waterside I saw a white man under a hat like a cart-wheel beckoning persistently with his whole arm.

y en la ribera vi a un hombre blanco bajo un sombrero como una rueda de carreta que hacía señas insistentemente con todo el brazo.

13.11 Examining the edge of the forest above and below, I was almost certain I could see movements — human forms gliding here and there.

Examinando el borde del bosque por encima y por debajo, estaba casi seguro de ver movimientos, formas humanas que se deslizaban aquí y allá.

13.12 I steamed past prudently,

Pasé con prudencia,

13.13 then stopped the engines and let her drift down.

paré las máquinas y dejé que se hundiera.

13.14 The man on the shore began to shout,

El hombre de la orilla empezó a gritar,

13.15 urging us to land. 'We have been attacked,'

instándonos a desembarcar. 'Nos han atacado,'

screamed the manager. 'I know — I know. It's all right,'

13.16

gritó el director. Lo sé, lo sé. No pasa nada,'

yelled back the other, as cheerful as you please. 'Come along.

13.17

gritó el otro, tan alegre como querías. Vamos.

It's all right. I am glad.'

13.18

No pasa nada. Me alegro.'

His aspect reminded me of something I had seen — something funny I had seen somewhere.

14.1

Su aspecto me recordó algo que había visto, algo gracioso que había visto en alguna parte.

As I manoeuvred to get alongside, I was asking myself,

14.2

Mientras maniobraba para ponerme a su lado, me preguntaba:

'What does this fellow look like?' Suddenly I got it.

14.3

"¿Qué aspecto tiene este tipo?" De repente lo entendí.

He looked like a harlequin.

14.4

Parecía un arlequín.

14.5 His clothes had been made of some stuff that was brown holland probably, but it was covered with patches all over, with bright patches, blue, red, and yellow — patches on the back, patches on the front, patches on elbows, on knees; coloured binding around his jacket, scarlet edging at the bottom of his trousers; and the sunshine made him look extremely gay and wonderfully neat withal, because you could see how beautifully all this patching had been done.

Sus ropas estaban hechas de una tela que probablemente era de lana marrón, pero estaba cubierta de remiendos por todas partes, con remiendos brillantes, azules, rojos y amarillos; remiendos en la espalda, remiendos en la parte delantera, remiendos en los codos, en las rodillas; ribetes de colores alrededor de la chaqueta, ribetes escarlata en los bajos de los pantalones; y la luz del sol le daba un aspecto extremadamente alegre y maravillosamente limpio, porque se podía ver lo bien que estaban hechos todos estos remiendos.

14.6 A beardless, boyish face, very fair, no features to speak of, nose peeling, little blue eyes, smiles and frowns chasing each other over that open countenance like sunshine and shadow on a wind-swept plain.

Un rostro imberbe y juvenil, muy claro, sin rasgos que destacar, la nariz pelada, pequeños ojos azules, sonrisas y ceños fruncidos persiguiéndose en aquel semblante abierto como el sol y la sombra en una llanura barrida por el viento.

14.7 'Look out, captain!' he cried;

"¡Cuidado, capitán!" gritó,

14.8 'there's a snag lodged in here last night.'

"aquí se alojó anoche un escollo."

What! Another snag? I confess I swore shamefully. 14.9
¿Qué? ¿Otro escollo? Confieso que maldije
vergonzosamente.

I had nearly holed my cripple, 14.10
Había estado a punto de clavar mi lisiado,

to finish off that charming trip. 14.11
para rematar aquel encantador viaje.

The harlequin on the bank turned his little 14.12
pug-nose up to me.
El arlequín de la orilla giró su pequeña nariz de carlino
hacia mí.

'You English?' he asked, all smiles. 'Are you?' 14.13
"¿Eres inglés?" me preguntó sonriente. '¿Y tú?'

I shouted from the wheel. 14.14
grité desde el volante.

The smiles vanished, and he shook his head as if sorry 14.15
for my disappointment.
La sonrisa se esfumó y sacudió la cabeza como si lamentara
mi decepción.

Then he brightened up. 'Never mind!' he cried 14.16
encouragingly.
Luego se animó. No importa," me animó.

'Are we in time?' I asked. 14.17
'¿Llegamos a tiempo?' le pregunté.

'He is up there,' he replied, with a toss of the head up 14.18
the hill, and becoming gloomy all of a sudden.
Está ahí arriba - respondió, levantando la cabeza hacia la
colina y volviéndose sombrío de repente.

14.19 His face was like the autumn sky,
Su rostro era como el cielo otoñal,

14.20 overcast one moment and bright the next.
nublado en un momento y luminoso al siguiente.

15.1 When the manager, escorted by the pilgrims, all of
them armed to the teeth, had gone to the house this
chap came on board.
Cuando el encargado, escoltado por los peregrinos, todos
ellos armados hasta los dientes, se dirigió a la casa, subió a
bordo este tipo.

15.2 'I say, I don't like this.
'Digo que esto no me gusta.

15.3 These natives are in the bush,' I said.
Estos nativos están en el monte,' le dije.

15.4 He assured me earnestly it was all right.
Me aseguró seriamente que todo estaba bien.

15.5 'They are simple people,' he added;
'Son gente sencilla,' añadió;

15.6 'well, I am glad you came.
'Me alegro de que hayas venido.

15.7 It took me all my time to keep them off.'
Me llevó todo mi tiempo mantenerlos alejados.'

15.8 'But you said it was all right,' I cried.
'Pero usted dijo que estaba bien,' exclamé.

15.9 'Oh, they meant no harm,' he said;
Oh, no querían hacer daño - dijo;

and as I stared he corrected himself, 'Not exactly.'   15.10
y cuando me quedé mirando, se corrigió-: No exactamente.'

Then vivaciously, 'My faith, your pilot-house wants a   15.11
clean- up!'
Y luego, vivazmente: "¡Dios mío, tu timonera necesita una
limpieza!"

In the next breath he advised me to keep enough   15.12
steam on the boiler to blow the whistle in case of any
trouble.
Al instante me aconsejó que mantuviera suficiente
vapor en la caldera para hacer sonar el silbato en caso de
problemas.

'One good screech will do more for you than all your   15.13
rifles.
Un buen chillido hará más por ti que todos tus rifles.

They are simple people,' he repeated.   15.14
Son gente sencilla," repitió.

He rattled away at such a rate he quite   15.15
overwhelmed me.
Chilló a tal velocidad que me abrumó.

He seemed to be trying to make up for lots of silence,   15.16
and actually hinted, laughing, that such was the case.
Parecía estar tratando de compensar mucho silencio, y de
hecho insinuó, riendo, que tal era el caso.

'Don't you talk with Mr. Kurtz?' I said.   15.17
¿No habla usted con el señor Kurtz?' le dije.

15.18 'You don't talk with that man — you listen to him,' he exclaimed with severe exaltation.

No se habla con ese hombre, se le escucha,' exclamó con severa exaltación.

15.19 'But now — ' He waved his arm, and in the twinkling of an eye was in the uttermost depths of despondency.

Pero ahora — ' Agitó el brazo y en un abrir y cerrar de ojos se sumió en el más profundo abatimiento.

15.20 In a moment he came up again with a jump, possessed himself of both my hands, shook them continuously, while he gabbled:

En un momento volvió a levantarse de un salto, se apoderó de mis dos manos y las estrechó sin cesar, mientras farfullaba:

15.21 'Brother sailor ...honour ...pleasure ...delight ...introduce myself ...Russian ...son of an arch-priest ...Government of Tambov ...What?

'Hermano marinero ...honor ...placer ...deleite ...presentarme ...Ruso ...hijo de un arci-preste ...Gobierno de Tambov ...¿Qué?

15.22 Tobacco! English tobacco; the excellent English tobacco! Now,

¡Tabaco! Tabaco inglés; el excelente tabaco inglés! Ahora,

15.23 that's brotherly. Smoke? Where's a sailor that does not smoke?"

eso es fraternal. ¿Fumar? ¿Dónde hay un marinero que no fume?"

The pipe soothed him, and gradually I made out   16.1
he had run away from school, had gone to sea in a
Russian ship; ran away again; served some time in
English ships; was now reconciled with the arch-
priest.

La pipa le tranquilizó, y poco a poco me enteré de que
había huido de la escuela, se había hecho a la mar en
un barco ruso, había vuelto a huir, había servido algún
tiempo en barcos ingleses y ahora estaba reconciliado con
el arcipreste.

He made a point of that.   16.2

Hizo hincapié en eso.

'But when one is young one must see things, gather   16.3
experience, ideas;

"Pero cuando uno es joven debe ver cosas, acumular
experiencia, ideas;

enlarge the mind.'   16.4

ampliar la mente."

'Here!' I interrupted. 'You can never tell!   16.5

"¡Aquí!" le interrumpí. "Nunca se sabe!

Here I met Mr. Kurtz,' he said,   16.6

Aquí conocí al señor Kurtz," dijo,

youthfully solemn and reproachful. I held my tongue   16.7
after that.

juvenilmente solemne y reprobador. Después me mordí la
lengua.

16.8 It appears he had persuaded a Dutch trading-house on the coast to fit him out with stores and goods, and had started for the interior with a light heart and no more idea of what would happen to him than a baby.

Al parecer, había convencido a un comerciante holandés de la costa para que le proveyera de provisiones y mercancías, y había partido hacia el interior con el corazón ligero y sin tener más idea de lo que le sucedería que a un bebé.

16.9 He had been wandering about that river for nearly two years alone,

Llevaba casi dos años vagando solo por aquel río,

16.10 cut off from everybody and everything.

aislado de todos y de todo.

16.11 'I am not so young as I look. I am twenty-five,' he said.

No soy tan joven como parezco. Tengo veinticinco años," dijo.

16.12 'At first old Van Shuyten would tell me to go to the devil,'

"Al principio, el viejo Van Shuyten me mandaba al diablo,"

16.13 he narrated with keen enjoyment;

relató con gran alegría;

16.14 'but I stuck to him, and talked and talked, till at last he got afraid I would talk the hind-leg off his favourite dog, so he gave me some cheap things and a few guns, and told me he hoped he would never see my face again.

"pero yo le seguía, y hablaba y hablaba, hasta que al final tuvo miedo de que le arrancara la pata trasera a su perro favorito, así que me dio algunas cosas baratas y unas cuantas armas, y me dijo que esperaba no volver a ver mi cara nunca más.

Good old Dutchman, Van Shuyten. 16.15
Buen holandés, Van Shuyten.

I've sent him one small lot of ivory a year ago, 16.16
Hace un año le envié un pequeño lote de marfil,

so that he can't call me a little thief when I get back. 16.17
para que no pueda llamarme ladronzuelo cuando regrese.

I hope he got it. And for the rest I don't care. 16.18
Espero que lo haya recibido. Y por el resto no me importa.

I had some wood stacked for you. That was my old 16.19
house.
Tenía algo de madera apilada para ti. Era mi antigua casa.

Did you see?' 16.20
¿Has visto?"

I gave him Towson's book. He made as though he 17.1
would kiss me,
Le di el libro de Towson. Hizo ademán de besarme,

but restrained himself. 17.2
pero se contuvo.

'The only book I had left, and I thought I had lost it,' 17.3
he said, looking at it ecstatically.
'El único libro que me quedaba, y pensé que lo había
perdido - dijo, mirándolo extasiado-.

'So many accidents happen to a man going about 17.4
alone, you know.
A un hombre que va solo le ocurren muchos accidentes.

17.5 Canoes get upset sometimes — and sometimes you've got to clear out so quick when the people get angry.'

Las canoas a veces se enfadan, y a veces tienes que irte tan rápido cuando la gente se enfada.'

17.6 He thumbed the pages. 'You made notes in Russian?' I asked.

Hojeó las páginas. '¿Tomaste notas en ruso?' pregunté.

17.7 He nodded.

Asintió con la cabeza.

17.8 'I thought they were written in cipher,' I said.

'Creía que estaban escritas en clave,' dije.

17.9 He laughed, then became serious.

Se rió y luego se puso serio.

17.10 'I had lots of trouble to keep these people off,'

'Tuve muchos problemas para mantener a raya a esta gente,'

17.11 he said. 'Did they want to kill you?' I asked.

dijo. '¿Querían matarte?' le pregunté.

17.12 'Oh, no!' he cried, and checked himself.

'No!' exclamó, y se contuvo.

17.13 'Why did they attack us?' I pursued.

'¿Por qué nos atacaron?' continué.

17.14 He hesitated, then said shamefacedly,

Dudó y dijo avergonzado,

17.15 'They don't want him to go.'

'No quieren que se vaya.'

'Don't they?' I said curiously.   17.16

'¿No quieren?' dije con curiosidad.

He nodded a nod full of mystery and wisdom.   17.17

Asintió con una inclinación de cabeza llena de misterio y
sabiduría.

'I tell you,' he cried, 'this man has enlarged my 17.18
mind.'

Te digo," exclamó, "que este hombre ha ampliado mi
mente."

He opened his arms wide,   17.19

Abrió los brazos de par en par,

staring at me with his little blue eyes that were 17.20
perfectly round."

mirándome fijamente con sus pequeños ojos azules
perfectamente redondos."

III

1.1 I looked at him, lost in astonishment.

Le miré, perdido en mi asombro.

1.2 There he was before me, in motley, as though he had absconded from a troupe of mimes, enthusiastic, fabulous.

Allí estaba ante mí, abigarrado, como si se hubiera fugado de una compañía de mimos, entusiasta, fabuloso.

1.3 His very existence was improbable, inexplicable, and altogether bewildering.

Su mera existencia era improbable, inexplicable y totalmente desconcertante.

1.4 He was an insoluble problem.

Era un problema insoluble.

1.5 It was inconceivable how he had existed, how he had succeeded in getting so far, how he had managed to remain — why he did not instantly disappear.

Era inconcebible cómo había existido, cómo había conseguido llegar tan lejos, cómo había logrado permanecer, por qué no había desaparecido al instante.

'I went a little farther,' he said, 'then still a little farther -

1.6

Fui un poco más lejos -

till I had gone so far that I don't know how I'll ever get back.

1.7

dijo-, luego todavía un poco más lejos ...hasta que llegué tan lejos que no sé cómo voy a volver.

Never mind. Plenty time. I can manage.

1.8

Pero no importa. Hay tiempo de sobra. Puedo arreglármelas.

You take Kurtz away quick — quick — I tell you.'

1.9

Llévate a Kurtz rápido, rápido, te digo."

The glamour of youth enveloped his parti-coloured rags, his destitution, his loneliness, the essential desolation of his futile wanderings.

1.10

El glamour de la juventud envolvía sus harapos parciales, su indigencia, su soledad, la desolación esencial de sus vanas andanzas.

For months — for years — his life hadn't been worth a day's purchase;

1.11

Durante meses, durante años, su vida no había valido la compra de un día;

and there he was gallantly, thoughtlessly alive, to all appearances indestructible solely by the virtue of his few years and of his unreflecting audacity.

1.12

y allí estaba él, galante e irreflexivamente vivo, a todas luces indestructible sólo por la virtud de sus pocos años y de su irreflexiva audacia.

1.13 I was seduced into something like admiration — like envy.

Me sentí seducido por algo parecido a la admiración, a la envidia.

1.14 Glamour urged him on, glamour kept him unscathed.

El glamour le impulsaba, el glamour le mantenía indemne.

1.15 He surely wanted nothing from the wilderness but space to breathe in and to push on through.

Seguramente no quería nada de la naturaleza, salvo espacio para respirar y seguir adelante.

1.16 His need was to exist, and to move onwards at the greatest possible risk, and with a maximum of privation.

Su necesidad era existir y avanzar con el mayor riesgo posible y con el máximo de privaciones.

1.17 If the absolutely pure, uncalculating, unpractical spirit of adventure had ever ruled a human being, it ruled this bepatched youth.

Si el espíritu de aventura, absolutamente puro, sin cálculos y sin sentido práctico, había dominado alguna vez a un ser humano, era el de este joven sin par.

1.18 I almost envied him the possession of this modest and clear flame.

Casi le envidiaba la posesión de esta llama modesta y clara.

1.19 It seemed to have consumed all thought of self so completely, that even while he was talking to you, you forgot that it was he -

Parecía haber consumido todo pensamiento propio tan completamente, que incluso mientras te hablaba, olvidabas que era él -

the man before your eyes -   1.20
el hombre que tenías ante tus ojos -

who had gone through these things.   1.21
quien había pasado por esas cosas.

I did not envy him his devotion to Kurtz, though.   1.22
Sin embargo, no le envidiaba su devoción por Kurtz.

He had not meditated over it.   1.23
No lo había meditado.

It came to him, and he accepted it with a sort of eager   1.24
fatalism.
Le llegó y la aceptó con una especie de ansioso fatalismo.

I must say that to me it appeared about the most   1.25
dangerous thing in every way he had come upon so
far.
Debo decir que a mí me pareció lo más peligroso que había
encontrado hasta entonces en todos los sentidos.

They had come together unavoidably, like two ships   2.1
becalmed near each other, and lay rubbing sides at
last.
Se habían juntado inevitablemente, como dos barcos
encallados uno cerca del otro, y yacían al fin rozándose.

I suppose Kurtz wanted an audience, because on a   2.2
certain occasion, when encamped in the forest, they
had talked all night, or more probably Kurtz had
talked.
Supongo que Kurtz quería una audiencia, porque en cierta
ocasión, cuando acampaban en el bosque, habían hablado
toda la noche, o más probablemente Kurtz había hablado.

2.3 'We talked of everything,' he said, quite transported at the recollection.

Hablamos de todo - dijo, muy emocionado al recordarlo-.

2.4 'I forgot there was such a thing as sleep.

Olvidé que existía el sueño.

2.5 The night did not seem to last an hour. Everything!

La noche no pareció durar ni una hora. De todo!

2.6 Everything! ...Of love, too.'

De todo! ...También de amor.'

2.7 'Ah, he talked to you of love!' I said, much amused.

'¡Ah, te habló de amor!' dije, muy divertido.

2.8 'It isn't what you think,' he cried, almost passionately.

No es lo que tú crees,' gritó, casi apasionadamente.

2.9 'It was in general. He made me see things — things.'

Fue en general. Me hizo ver cosas — cosas."

3.1 He threw his arms up.

Levantó los brazos.

3.2 We were on deck at the time, and the headman of my wood-cutters, lounging near by, turned upon him his heavy and glittering eyes.

Estábamos en cubierta en aquel momento, y el jefe de mis leñadores, que holgazaneaba cerca de allí, volvió hacia él sus ojos pesados y brillantes.

I looked around, and I don't know why, but I assure 3.3
you that never, never before, did this land, this river,
this jungle, the very arch of this blazing sky, appear
to me so hopeless and so dark, so impenetrable to
human thought, so pitiless to human weakness.

Miré a mi alrededor, y no sé por qué, pero te aseguro que
nunca, nunca antes, esta tierra, este río, esta selva, el arco
mismo de este cielo abrasador, me habían parecido tan
desesperanzados y tan oscuros, tan impenetrables para el
pensamiento humano, tan despiadados para la debilidad
humana.

'And, ever since, you have been with him, of course?' 3.4

'Y, desde entonces, ¿has estado con él, por supuesto?'

I said. 3.5

le dije.

On the contrary. 4.1

Al contrario.

It appears their intercourse had been very much 4.2
broken by various causes.

Al parecer, sus relaciones habían estado muy
interrumpidas por diversas causas.

He had, as he informed me proudly, managed to 4.3
nurse Kurtz through two illnesses (he alluded to it
as you would to some risky feat), but as a rule Kurtz
wandered alone, far in the depths of the forest.

Según me informó con orgullo, había conseguido cuidar a
Kurtz durante dos enfermedades (aludió a ello como si se
tratara de una hazaña arriesgada), pero por regla general
Kurtz vagaba solo, lejos en las profundidades del bosque.

4.4 'Very often coming to this station, I had to wait days and days before he would turn up,'
'Muy a menudo, al venir a esta estación, tenía que esperar días y días antes de que apareciera,'

4.5 he said. 'Ah, it was worth waiting for! — sometimes.'
dijo. '¡Ah, valía la pena esperar! — a veces.'

4.6 'What was he doing? exploring or what?' I asked.
'¿Qué hacía? ¿Exploraba o qué?' le pregunté.

4.7 'Oh, yes, of course';
'Sí, claro';

4.8 he had discovered lots of villages, a lake, too -
había descubierto muchos pueblos y también un lago -

4.9 he did not know exactly in what direction;
no sabía exactamente en qué dirección;

4.10 it was dangerous to inquire too much -
era peligroso indagar demasiado -

4.11 but mostly his expeditions had been for ivory.
pero la mayor parte de sus expediciones habían sido en busca de marfil.

4.12 'But he had no goods to trade with by that time,'
'Pero ya no tenía mercancías con las que comerciar,'

4.13 I objected.
objeté.

4.14 'There's a good lot of cartridges left even yet,' he answered, looking away.
Aún quedan muchos cartuchos - respondió, desviando la mirada-.

'To speak plainly, he raided the country,' I said. He
nodded.

4.15

Hablando claro, asaltó el país - dije. Asintió con la cabeza.

'Not alone, surely!'

4.16

'Seguro que no estaba solo!'

He muttered something about the villages round that
lake.

4.17

Murmuró algo sobre los pueblos que rodeaban el lago.

'Kurtz got the tribe to follow him, did he?' I
suggested.

4.18

'¿Kurtz consiguió que la tribu le siguiera?' sugerí.

He fidgeted a little. 'They adored him,' he said.

4.19

Se inquietó un poco. Le adoraban - dijo.

The tone of these words was so extraordinary that I
looked at him searchingly.

4.20

El tono de estas palabras era tan extraordinario que lo miré
escrutadoramente.

It was curious to see his mingled eagerness and
reluctance to speak of Kurtz.

4.21

Era curioso ver su entusiasmo y su reticencia a hablar de
Kurtz.

The man filled his life, occupied his thoughts, swayed
his emotions.

4.22

Aquel hombre llenaba su vida, ocupaba sus pensamientos,
dominaba sus emociones.

'What can you expect?' he burst out;

4.23

'¿Qué puedes esperar?' exclamó;

4.24 'he came to them with thunder and lightning, you know — and they had never seen anything like it — and very terrible.

'Llegó a ellos con truenos y relámpagos, ya sabes, y nunca habían visto nada igual, y muy terrible.

4.25 He could be very terrible.

Podía ser muy terrible.

4.26 You can't judge Mr. Kurtz as you would an ordinary man.

No puedes juzgar al Sr. Kurtz como a un hombre corriente.

4.27 No, no, no!

No, no, no!

4.28 Now — just to give you an idea — I don't mind telling you, he wanted to shoot me, too, one day — but I don't judge him.'

Para que te hagas una idea - no me importa decírtelo-, un día también quiso pegarme un tiro, pero yo no le juzgo.'

4.29 'Shoot you!' I cried 'What for?'

'Dispararte!' Grité '¿Para qué?'

4.30 'Well,

'Bueno,

4.31 I had a small lot of ivory the chief of that village near my house gave me.

tenía un pequeño lote de marfil que me dio el jefe de aquella aldea cercana a mi casa.

4.32 You see I used to shoot game for them.

Verás, yo solía cazar para ellos.

4.33 Well, he wanted it, and wouldn't hear reason.

Pues bien, él lo quería y no quiso entrar en razones.

He declared he would shoot me unless I gave him the
ivory and then cleared out of the country, because
he could do so, and had a fancy for it, and there was
nothing on earth to prevent him killing whom he
jolly well pleased.

Declaró que me mataría a menos que le diera el marfil
y luego se marchara del país, porque podía hacerlo y le
gustaba, y no había nada en la tierra que le impidiera matar
a quien le diera la gana.

4.34

And it was true, too. I gave him the ivory. What did I
care!

Y también era cierto. Le di el marfil. ¡Qué me importaba!

4.35

But I didn't clear out. No, no. I couldn't leave him.

Pero no me fui. No, no. No podía dejarle.

4.36

I had to be careful, of course, till we got friendly
again for a time.

Tuve que tener cuidado, por supuesto, hasta que volvimos a
ser amigos durante un tiempo.

4.37

He had his second illness then.

Entonces tuvo su segunda enfermedad.

4.38

Afterwards I had to keep out of the way; but I didn't
mind.

Después tuve que mantenerme al margen; pero no me
importaba.

4.39

He was living for the most part in those villages on
the lake.

Vivía la mayor parte del tiempo en aquellas aldeas del lago.

4.40

4.41 When he came down to the river, sometimes he
would take to me, and sometimes it was better for me
to be careful.
Cuando bajaba al río, a veces se acercaba a mí, y a veces era
mejor que tuviera cuidado.

4.42 This man suffered too much. He hated all this,
Este hombre sufría demasiado. Odiaba todo esto,

4.43 and somehow he couldn't get away.
y de algún modo no podía escapar.

4.44 When I had a chance I begged him to try and leave
while there was time;
Cuando tenía ocasión, le rogaba que intentara marcharse
mientras hubiera tiempo;

4.45 I offered to go back with him. And he would say yes,
me ofrecía a volver con él. Y él decía que sí,

4.46 and then he would remain; go off on another ivory
hunt;
y entonces se quedaba; se iba a otra cacería de marfil;

4.47 disappear for weeks;
desaparecía durante semanas;

4.48 forget himself amongst these people — forget
himself — you know.'
se olvidaba de sí mismo entre esta gente, se olvidaba de sí
mismo, ya sabes.'

4.49 Why! he's mad,' I said. He protested indignantly.
Está loco - dije. Protestó indignado.

4.50 Mr. Kurtz couldn't be mad.
El señor Kurtz no podía estar loco.

If I had heard him talk, only two days ago, I wouldn't
dare hint at such a thing ...I had taken up my
binoculars while we talked, and was looking at the
shore, sweeping the limit of the forest at each side
and at the back of the house.

4.51

Si le hubiera oído hablar, hace sólo dos días, no me
atrevería a insinuar tal cosa ...Había cogido mis prismáticos
mientras hablábamos, y miraba la orilla, barriendo el
límite del bosque a cada lado y a la espalda de la casa.

The consciousness of there being people in that bush,
so silent, so quiet -

4.52

La conciencia de que había gente en aquel matorral, tan
silencioso, tan tranquilo -

as silent and quiet as the ruined house on the hill -

4.53

tan silencioso y tranquilo como la casa en ruinas de la
colina -

made me uneasy.

4.54

me inquietó.

There was no sign on the face of nature of this
amazing tale that was not so much told as suggested
to me in desolate exclamations, completed by shrugs,
in interrupted phrases, in hints ending in deep sighs.

4.55

No había ninguna señal en el rostro de la naturaleza de
esta historia asombrosa que no se me contaba sino que se
me sugería en exclamaciones desoladas, completadas por
encogimientos de hombros, en frases interrumpidas, en
insinuaciones que terminaban en profundos suspiros.

4.56 The woods were unmoved, like a mask — heavy, like the closed door of a prison — they looked with their air of hidden knowledge, of patient expectation, of unapproachable silence.

El bosque permanecía impasible, como una máscara pesada, como la puerta cerrada de una prisión; miraba con su aire de conocimiento oculto, de paciente expectación, de silencio inabordable.

4.57 The Russian was explaining to me that it was only lately that Mr. Kurtz had come down to the river,

El ruso me explicaba que hacía poco que el Sr. Kurtz había bajado al río,

4.58 bringing along with him all the fighting men of that lake tribe.

trayendo consigo a todos los combatientes de aquella tribu lacustre.

4.59 He had been absent for several months -

Había estado ausente durante varios meses -

4.60 getting himself adored, I suppose -

supongo que para hacerse adorar -

4.61 and had come down unexpectedly, with the intention to all appearance of making a raid either across the river or down stream.

y había bajado inesperadamente, con la intención, según todas las apariencias, de hacer una incursión al otro lado del río o río abajo.

4.62 Evidently the appetite for more ivory had got the better of the — what shall I say? — less material aspirations.

Evidentemente, el apetito por el marfil había podido con las aspiraciones menos materiales.

However he had got much worse suddenly.   4.63
Sin embargo, había empeorado mucho de repente.

'I heard he was lying helpless,   4.64
Oí que yacía indefenso,

and so I came up - took my chance,' said the Russian.   4.65
así que subí y aproveché la oportunidad - dijo el ruso-.

'Oh, he is bad, very bad.' I directed my glass to the   4.66
house.
'Está mal, muy mal.' Dirigí mi mirada hacia la casa.

There were no signs of life, but there was the ruined   4.67
roof, the long mud wall peeping above the grass, with
three little square window-holes, no two of the same
size;
No había señales de vida, pero sí el tejado en ruinas, la larga
pared de barro que asomaba por encima de la hierba, con
tres ventanitas cuadradas, ninguna del mismo tamaño;

all this brought within reach of my hand, as it were.   4.68
todo ello al alcance de mi mano, por así decirlo.

And then I made a brusque movement,   4.69
Y entonces hice un brusco movimiento,

and one of the remaining posts of that vanished fence   4.70
leaped up in the field of my glass.
y uno de los postes que quedaban de aquella valla
desaparecida saltó al campo de mi cristal.

You remember I told you I had been struck at the   4.71
distance by certain attempts at ornamentation,
Recordarás que te dije que a lo lejos me habían llamado la
atención ciertos intentos de ornamentación,

4.72 rather remarkable in the ruinous aspect of the place.
bastante notables en el aspecto ruinoso del lugar.

4.73 Now I had suddenly a nearer view,
Ahora tuve de repente una visión más cercana,

4.74 and its first result was to make me throw my head back as if before a blow.
y su primer resultado fue hacerme echar la cabeza hacia atrás como ante un golpe.

4.75 Then I went carefully from post to post with my glass,
Entonces fui cuidadosamente de poste en poste con mi cristal,

4.76 and I saw my mistake.
y vi mi error.

4.77 These round knobs were not ornamental but symbolic;
Aquellos pomos redondos no eran ornamentales, sino simbólicos;

4.78 they were expressive and puzzling, striking and disturbing — food for thought and also for vultures if there had been any looking down from the sky;
eran expresivos y desconcertantes, llamativos y perturbadores, alimento para la reflexión y también para los buitres, si es que había alguno mirando desde el cielo;

4.79 but at all events for such ants as were industrious enough to ascend the pole.
pero, en cualquier caso, para las hormigas lo bastante laboriosas como para ascender por el poste.

They would have been even more impressive, those heads on the stakes, if their faces had not been turned to the house. 4.80

Habrían sido aún más impresionantes, aquellas cabezas en las estacas, si sus caras no hubieran estado vueltas hacia la casa.

Only one, the first I had made out, was facing my way. 4.81

Sólo una, la primera que había distinguido, miraba hacia mí.

I was not so shocked as you may think. 4.82

No estaba tan sorprendido como podría pensarse.

The start back I had given was really nothing but a movement of surprise. 4.83

El sobresalto que di no fue más que un movimiento de sorpresa.

I had expected to see a knob of wood there, you know. 4.84

Esperaba ver allí un pomo de madera.

I returned deliberately to the first I had seen — and there it was, black, dried, sunken, with closed eyelids — a head that seemed to sleep at the top of that pole, and, with the shrunken dry lips showing a narrow white line of the teeth, was smiling, too, smiling continuously at some endless and jocose dream of that eternal slumber. 4.85

Volví deliberadamente al primero que había visto, y allí estaba, negro, seco, hundido, con los párpados cerrados: una cabeza que parecía dormir en lo alto de aquel poste y que, con los labios secos y encogidos mostrando una estrecha línea blanca de los dientes, sonreía también, sonreía continuamente en algún sueño interminable y jocoso de aquel sueño eterno.

5.1   I am not disclosing any trade secrets. In fact,

No estoy revelando ningún secreto comercial. De hecho,

5.2   the manager said afterwards that Mr. Kurtz's methods had ruined the district.

el gerente dijo después que los métodos del Sr. Kurtz habían arruinado el distrito.

5.3   I have no opinion on that point,

No tengo opinión sobre ese punto,

5.4   but I want you clearly to understand that there was nothing exactly profitable in these heads being there.

pero quiero que entienda claramente que no había nada exactamente provechoso en que esas cabezas estuvieran allí.

5.5   They only showed that Mr. Kurtz lacked restraint in the gratification of his various lusts, that there was something wanting in him — some small matter which, when the pressing need arose, could not be found under his magnificent eloquence.

Sólo mostraban que el Sr. Kurtz carecía de moderación en la satisfacción de sus diversos deseos, que había algo que faltaba en él, algún pequeño asunto que, cuando surgía la necesidad apremiante, no podía encontrarse bajo su magnífica elocuencia.

5.6   Whether he knew of this deficiency himself I can't say.

No puedo decir si él mismo conocía esta deficiencia.

5.7   I think the knowledge came to him at last — only at the very last.

Creo que lo supo al final, sólo al final.

5.8   But the wilderness had found him out early,

Pero el desierto lo había descubierto pronto,

and had taken on him a terrible vengeance for the 5.9
fantastic invasion.

y se había vengado de él con una venganza terrible por la
fantástica invasión.

I think it had whispered to him things about himself 5.10
which he did not know, things of which he had
no conception till he took counsel with this great
solitude — and the whisper had proved irresistibly
fascinating.

Creo que le había susurrado cosas sobre sí mismo que
desconocía, cosas de las que no tenía ni idea hasta que se
aconsejó con esta gran soledad, y el susurro había resultado
irresistiblemente fascinante.

It echoed loudly within him because he was hollow 5.11
at the core ...I put down the glass, and the head that
had appeared near enough to be spoken to seemed at
once to have leaped away from me into inaccessible
distance.

Resonaba con fuerza en su interior, porque estaba vacío
hasta la médula ...Bajé el vaso, y la cabeza que había
aparecido lo bastante cerca como para que le hablara,
pareció al instante haber saltado lejos de mí, a una
distancia inaccesible.

The admirer of Mr. Kurtz was a bit crestfallen. 6.1

El admirador del señor Kurtz estaba un poco cabizbajo.

In a hurried, indistinct voice he began to assure me 6.2
he had not dared to take these -

Con voz apresurada e indistinta comenzó a asegurarme que
no se había atrevido a tomar estos -

say, symbols - down. He was not afraid of the natives; 6.3

digamos - símbolos. No temía a los nativos;

6.4   **they would not stir till Mr. Kurtz gave the word.**
no se moverían hasta que el señor Kurtz diera la orden.

6.5   **His ascendancy was extraordinary.**
Su ascendiente era extraordinario.

6.6   **The camps of these people surrounded the place,**
Los campamentos de esta gente rodeaban el lugar,

6.7   **and the chiefs came every day to see him. They would crawl ...**
y los jefes venían todos los días a verle. Se arrastraban ...

6.8   **'I don't want to know anything of the ceremonies used when approaching Mr. Kurtz,'**
'No quiero saber nada de las ceremonias empleadas al acercarse al señor Kurtz,'

6.9   **I shouted. Curious,**
grité. Curioso,

6.10 **this feeling that came over me that such details would be more intolerable than those heads drying on the stakes under Mr. Kurtz's windows.**
este sentimiento que me invadió de que tales detalles serían más intolerables que aquellas cabezas secándose en las estacas bajo las ventanas del señor Kurtz.

6.11 **After all, that was only a savage sight, while I seemed at one bound to have been transported into some lightless region of subtle horrors, where pure, uncomplicated savagery was a positive relief, being something that had a right to exist -**
Después de todo, aquello no era más que una visión salvaje, mientras que yo parecía haber sido transportado a una región sin luz de horrores sutiles, donde el salvajismo puro y sin complicaciones era un alivio positivo, siendo algo que tenía derecho a existir -

obviously - in the sunshine.
obviamente - a la luz del sol.

The young man looked at me with surprise.
El joven me miró sorprendido.

I suppose it did not occur to him that Mr. Kurtz was no idol of mine.
Supongo que no se le ocurrió que el Sr. Kurtz no era un ídolo para mí.

He forgot I hadn't heard any of these splendid monologues on,
Olvidó que yo no había oído ninguno de esos espléndidos monólogos sobre,

what was it?
¿qué era?

on love, justice, conduct of life — or what not.
el amor, la justicia, la conducta en la vida — o lo que fuera.

If it had come to crawling before Mr. Kurtz,
Si se trataba de arrastrarse ante el señor Kurtz,

he crawled as much as the veriest savage of them all.
se arrastraba tanto como el más salvaje de todos ellos.

I had no idea of the conditions, he said:
No tenía ni idea de las condiciones, dijo:

these heads were the heads of rebels.
estas cabezas eran cabezas de rebeldes.

I shocked him excessively by laughing. Rebels!
Le escandalicé en exceso riéndome. ¡Rebeldes!

6.23 What would be the next definition I was to hear?
¿Cuál sería la siguiente definición que iba a oír?

6.24 There had been enemies, criminals, workers — and
these were rebels.
Había enemigos, criminales, trabajadores — y éstos eran
rebeldes.

6.25 Those rebellious heads looked very subdued to me on
their sticks.
Aquellas cabezas rebeldes me parecieron muy sumisas
sobre sus palos.

6.26 'You don't know how such a life tries a man like
Kurtz,'
Usted no sabe cómo una vida así pone a prueba a un
hombre como Kurtz,'

6.27 cried Kurtz's last disciple. 'Well, and you?' I said.
gritó el último discípulo de Kurtz. 'Bueno, ¿y tú?' dije.

6.28 'I! I! I am a simple man.
'¡I! ¡I! Soy un hombre sencillo.

6.29 I have no great thoughts. I want nothing from
anybody.
No tengo grandes pensamientos. No quiero nada de nadie.

6.30 How can you compare me to ...?'
¿Cómo puedes compararme con ...?"

6.31 His feelings were too much for speech,
Sus sentimientos no le dejaban hablar,

6.32 and suddenly he broke down. 'I don't understand,'
he groaned.
y de pronto se derrumbó. No lo entiendo,' gimió.

'I've been doing my best to keep him alive,   6.33
He hecho todo lo que he podido para mantenerlo con vida,

and that's enough. I had no hand in all this.   6.34
y eso es suficiente. No tengo nada que ver con esto.

I have no abilities.   6.35
No tengo habilidades.

There hasn't been a drop of medicine or a mouthful of   6.36
invalid food for months here.
Aquí no ha habido ni una gota de medicina ni un bocado de
comida para inválidos durante meses.

He was shamefully abandoned. A man like this,   6.37
Fue abandonado vergonzosamente. Un hombre así,

with such ideas. Shamefully! Shamefully!   6.38
con semejantes ideas. ¡Vergonzosamente! ¡Qué vergüenza!

I — I — haven't slept for the last ten nights ...'   6.39
Yo — yo — no he dormido en las últimas diez noches ...'

His voice lost itself in the calm of the evening.   7.1
Su voz se perdió en la calma del atardecer.

The long shadows of the forest had slipped downhill   7.2
while we talked, had gone far beyond the ruined
hovel, beyond the symbolic row of stakes.
Las largas sombras del bosque se habían deslizado cuesta
abajo mientras hablábamos, habían ido mucho más allá
de la casucha en ruinas, más allá de la simbólica hilera de
estacas.

7.3 All this was in the gloom, while we down there were yet in the sunshine, and the stretch of the river abreast of the clearing glittered in a still and dazzling splendour, with a murky and overshadowed bend above and below.

Todo esto ocurría en la penumbra, mientras que nosotros, allá abajo, seguíamos bajo la luz del sol, y el tramo del río que bordeaba el claro brillaba con un esplendor tranquilo y deslumbrante, con un recodo turbio y ensombrecido por encima y por debajo.

7.4 Not a living soul was seen on the shore.

No se veía un alma viviente en la orilla.

7.5 The bushes did not rustle.

Los arbustos no crujían.

8.1 Suddenly round the corner of the house a group of men appeared, as though they had come up from the ground.

De repente, al doblar la esquina de la casa apareció un grupo de hombres, como si hubieran surgido del suelo.

8.2 They waded waist-deep in the grass, in a compact body, bearing an improvised stretcher in their midst.

Vadeaban la hierba hasta la cintura, en un cuerpo compacto, llevando en medio una camilla improvisada.

8.3 Instantly, in the emptiness of the landscape, a cry arose whose shrillness pierced the still air like a sharp arrow flying straight to the very heart of the land;

Al instante, en el vacío del paisaje, surgió un grito cuya estridencia atravesó el aire quieto como una flecha afilada que volara directa al corazón mismo de la tierra;

and, as if by enchantment, streams of human beings -   8.4
y, como por encanto, corrientes de seres humanos -

of naked human beings -   8.5
de seres humanos desnudos -

with spears in their hands, with bows, with shields,   8.6
with wild glances and savage movements, were
poured into the clearing by the dark-faced and
pensive forest.
con lanzas en las manos, con arcos, con escudos, con
miradas salvajes y movimientos salvajes, se vertieron
en el claro junto al bosque de rostro oscuro y pensativo.

The bushes shook, the grass swayed for a time, and   8.7
then everything stood still in attentive immobility.
Los arbustos se agitaron, la hierba se balanceó durante un
rato, y luego todo se detuvo en atenta inmovilidad.

'Now, if he does not say the right thing to them we are   9.1
all done for,'
Ahora, si no les dice lo correcto, estamos todos perdidos,"

said the Russian at my elbow.   9.2
dijo el ruso a mi lado.

The knot of men with the stretcher had stopped, too,   9.3
halfway to the steamer, as if petrified.
El nudo de hombres con la camilla se había detenido
también, a medio camino del vapor, como petrificado.

I saw the man on the stretcher sit up, lank and with   9.4
an uplifted arm, above the shoulders of the bearers.
Vi que el hombre de la camilla se incorporaba, larguirucho
y con un brazo levantado, por encima de los hombros de los
portadores.

9.5 'Let us hope that the man who can talk so well of love in general will find some particular reason to spare us this time,' I said.

Esperemos que el hombre que tan bien puede hablar del amor en general encuentre alguna razón particular para perdonarnos esta vez - dije-.

9.6 I resented bitterly the absurd danger of our situation,

Resentí amargamente el absurdo peligro de nuestra situación,

9.7 as if to be at the mercy of that atrocious phantom had been a dishonouring necessity.

como si estar a merced de aquel atroz fantasma hubiera sido una necesidad deshonrosa.

9.8 I could not hear a sound, but through my glasses I saw the thin arm extended commandingly, the lower jaw moving, the eyes of that apparition shining darkly far in its bony head that nodded with grotesque jerks.

No oía ningún ruido, pero a través de mis anteojos vi el delgado brazo extendido en actitud autoritaria, la mandíbula inferior moviéndose, los ojos de aquella aparición brillando oscuramente a lo lejos en su huesuda cabeza que cabeceaba con grotescas sacudidas.

9.9 Kurtz — Kurtz — that means short in German — don't it? Well,

Kurtz - Kurtz - significa bajito en alemán, ¿no? Bueno,

9.10 the name was as true as everything else in his life — and death.

el nombre era tan cierto como todo lo demás en su vida-y-muerte.

9.11 He looked at least seven feet long.

Parecía medir por lo menos dos metros.

His covering had fallen off, and his body emerged   9.12
from it pitiful and appalling as from a winding-sheet.
Se le había caído la cubierta y su cuerpo emergía de ella
lastimero y espantoso como de una sábana de enrollar.

I could see the cage of his ribs all astir,   9.13
Podía ver la jaula de sus costillas agitándose,

the bones of his arm waving.   9.14
los huesos de su brazo agitándose.

It was as though an animated image of death carved   9.15
out of old ivory had been shaking its hand with
menaces at a motionless crowd of men made of dark
and glittering bronze.
Era como si una imagen animada de la muerte, tallada
en viejo marfil, hubiera estado agitando su mano
amenazadora contra una multitud inmóvil de hombres
hechos de bronce oscuro y reluciente.

I saw him open his mouth wide — it gave him a   9.16
weirdly voracious aspect, as though he had wanted to
swallow all the air, all the earth, all the men before
him.
Le vi abrir mucho la boca, lo que le daba un aspecto
extrañamente voraz, como si hubiera querido tragarse
todo el aire, toda la tierra, todos los hombres que tenía
delante.

A deep voice reached me faintly. He must have been   9.17
shouting.
Una voz profunda me llegó débilmente. Debía de estar
gritando.

He fell back suddenly.   9.18
Retrocedió de repente.

9.19 The stretcher shook as the bearers staggered forward again, and almost at the same time I noticed that the crowd of savages was vanishing without any perceptible movement of retreat, as if the forest that had ejected these beings so suddenly had drawn them in again as the breath is drawn in a long aspiration.

La camilla tembló cuando los portadores volvieron a avanzar tambaleándose, y casi al mismo tiempo me di cuenta de que la multitud de salvajes desaparecía sin ningún movimiento perceptible de retirada, como si el bosque que había expulsado a aquellos seres tan repentinamente los hubiera atraído de nuevo como se atrae el aliento en una larga aspiración.

10.1 Some of the pilgrims behind the stretcher carried his arms — two shot-guns, a heavy rifle, and a light revolver-carbine — the thunderbolts of that pitiful Jupiter.

Algunos de los peregrinos que iban detrás de la camilla portaban sus armas - dos escopetas, un rifle pesado y un revólver ligero-, los truenos de aquel lamentable Júpiter.

10.2 The manager bent over him murmuring as he walked beside his head.

El encargado se inclinó sobre él murmurando mientras caminaba junto a su cabeza.

10.3 They laid him down in one of the little cabins — just a room for a bed place and a camp-stool or two, you know.

Lo acostaron en una de las pequeñas cabañas, apenas una habitación para una cama y un taburete de campamento o dos, ya sabe.

10.4 We had brought his belated correspondence,

Habíamos traído su correspondencia atrasada,

and a lot of torn envelopes and open letters littered his bed.

10.5

y en su cama había un montón de sobres rotos y cartas abiertas.

His hand roamed feebly amongst these papers.

10.6

Su mano vagaba débilmente entre los papeles.

I was struck by the fire of his eyes and the composed languor of his expression.

10.7

Me impresionó el fuego de sus ojos y la serena languidez de su expresión.

It was not so much the exhaustion of disease.

10.8

No era tanto el agotamiento de la enfermedad.

He did not seem in pain. This shadow looked satiated and calm,

10.9

No parecía sufrir. Esta sombra parecía saciada y tranquila,

as though for the moment it had had its fill of all the emotions.

10.10

como si por el momento se hubiera saciado de todas las emociones.

He rustled one of the letters, and looking straight in my face said,

11.1

Agitó una de las cartas y, mirándome a la cara, me dijo:

'I am glad.' Somebody had been writing to him about me.

11.2

"Me alegro." Alguien le había estado escribiendo sobre mí.

These special recommendations were turning up again.

11.3

Volvían a aparecer esas recomendaciones especiales.

11.4 The volume of tone he emitted without effort, almost without the trouble of moving his lips, amazed me.

El volumen del tono que emitía sin esfuerzo, casi sin la molestia de mover los labios, me asombró.

11.5 A voice! a voice!

¡Una voz! ¡Una voz!

11.6 It was grave, profound, vibrating, while the man did not seem capable of a whisper.

Era grave, profunda, vibrante, mientras que el hombre no parecía capaz de un susurro.

11.7 However, he had enough strength in him - factitious no doubt -

Sin embargo, tenía suficiente fuerza - facticia, sin duda -

11.8 to very nearly make an end of us, as you shall hear directly.

para casi acabar con nosotros, como oirán directamente.

12.1 The manager appeared silently in the doorway;

El director apareció silenciosamente en la puerta;

12.2 I stepped out at once and he drew the curtain after me.

yo salí en seguida y él corrió la cortina tras de mí.

12.3 The Russian, eyed curiously by the pilgrims, was staring at the shore.

El ruso, observado con curiosidad por los peregrinos, miraba hacia la orilla.

12.4 I followed the direction of his glance.

Seguí la dirección de su mirada.

Dark human shapes could be made out in the
distance, flitting indistinctly against the gloomy
border of the forest, and near the river two bronze
figures, leaning on tall spears, stood in the sunlight
under fantastic head-dresses of spotted skins, warlike
and still in statuesque repose.

13.1

A lo lejos se distinguían oscuras formas humanas que
revoloteaban indistintamente contra el sombrío borde
del bosque, y cerca del río dos figuras de bronce, apoyadas
en altas lanzas, se erguían a la luz del sol bajo fantásticos
tocados de pieles moteadas, guerreras y aún en reposo
estatuario.

And from right to left along the lighted shore moved
a wild and gorgeous apparition of a woman.

13.2

Y de derecha a izquierda, a lo largo de la orilla iluminada, se
movía una salvaje y hermosa aparición de mujer.

She walked with measured steps, draped in striped
and fringed cloths, treading the earth proudly, with a
slight jingle and flash of barbarous ornaments.

14.1

Caminaba con pasos medidos, ataviada con telas de rayas y
flecos, pisando la tierra con orgullo, con un ligero tintineo
y destello de ornamentos bárbaros.

14.2 She carried her head high; her hair was done in the shape of a helmet; she had brass leggings to the knee, brass wire gauntlets to the elbow, a crimson spot on her tawny cheek, innumerable necklaces of glass beads on her neck; bizarre things, charms, gifts of witch-men, that hung about her, glittered and trembled at every step.

Llevaba la cabeza alta, el pelo peinado en forma de casco, polainas de latón hasta la rodilla, guanteletes de alambre de latón hasta el codo, una mancha carmesí en la mejilla leonada, innumerables collares de cuentas de cristal en el cuello; cosas extrañas, amuletos, regalos de los brujos, que colgaban a su alrededor, brillaban y temblaban a cada paso.

14.3 She must have had the value of several elephant tusks upon her.

Debía de llevar encima el valor de varios colmillos de elefante.

14.4 She was savage and superb, wild-eyed and magnificent;

Era salvaje y soberbia, de ojos salvajes y magníficos;

14.5 there was something ominous and stately in her deliberate progress.

había algo ominoso y majestuoso en su deliberado avance.

And in the hush that had fallen suddenly upon the 14.6
whole sorrowful land, the immense wilderness,
the colossal body of the fecund and mysterious life
seemed to look at her, pensive, as though it had
been looking at the image of its own tenebrous and
passionate soul.

Y en el silencio que había caído repentinamente sobre toda
la triste tierra, el inmenso desierto, el colosal cuerpo de la
fecunda y misteriosa vida parecía mirarla, pensativo, como
si hubiera estado mirando la imagen de su propia alma
tenebrosa y apasionada.

She came abreast of the steamer, stood still, and 15.1
faced us.

Se acercó al vapor, se detuvo y nos miró.

Her long shadow fell to the water's edge. 15.2

Su larga sombra caía hasta el borde del agua.

Her face had a tragic and fierce aspect of wild sorrow 15.3
and of dumb pain mingled with the fear of some
struggling, half-shaped resolve.

Su rostro tenía un aspecto trágico y feroz, de tristeza
salvaje y de mudo dolor, mezclado con el temor de alguna
resolución a medio formar.

She stood looking at us without a stir, and like the 15.4
wilderness itself, with an air of brooding over an
inscrutable purpose.

Permaneció mirándonos sin inmutarse y, como la
naturaleza misma, con el aire de estar rumiando un
propósito inescrutable.

A whole minute passed, and then she made a step 15.5
forward.

Pasó un minuto entero y entonces dio un paso adelante.

15.6 There was a low jingle, a glint of yellow metal, a sway of fringed draperies, and she stopped as if her heart had failed her.

Se oyó un tintineo grave, un destello de metal amarillo, un vaivén de cortinas con flecos, y se detuvo como si le fallara el corazón.

15.7 The young fellow by my side growled.

El joven a mi lado gruñó.

15.8 The pilgrims murmured at my back.

Los peregrinos murmuraban a mi espalda.

15.9 She looked at us all as if her life had depended upon the unswerving steadiness of her glance.

Ella nos miró a todos como si su vida dependiera de la firmeza de su mirada.

15.10 Suddenly she opened her bared arms and threw them up rigid above her head, as though in an uncontrollable desire to touch the sky, and at the same time the swift shadows darted out on the earth, swept around on the river, gathering the steamer into a shadowy embrace.

De pronto abrió los brazos desnudos y los levantó rígidos por encima de la cabeza, como en un deseo incontrolable de tocar el cielo, y al mismo tiempo las sombras veloces se lanzaron sobre la tierra, barrieron el río y envolvieron el vapor en un abrazo sombrío.

15.11 A formidable silence hung over the scene.

Un silencio formidable se cernía sobre la escena.

16.1 She turned away slowly, walked on, following the bank, and passed into the bushes to the left.

Se dio la vuelta lentamente, siguió caminando por la orilla y se internó entre los arbustos de la izquierda.

Once only her eyes gleamed back at us in the dusk of the thickets before she disappeared.

16.2

Sólo una vez sus ojos nos devolvieron el brillo en el crepúsculo de los matorrales antes de desaparecer.

'If she had offered to come aboard I really think I would have tried to shoot her,' said the man of patches, nervously.

17.1

Si se hubiera ofrecido a subir a bordo, creo que habría intentado dispararle - dijo el hombre de los parches, nervioso-.

'I have been risking my life every day for the last fortnight to keep her out of the house.

17.2

He estado arriesgando mi vida todos los días durante los últimos quince días para mantenerla fuera de la casa.

She got in one day and kicked up a row about those miserable rags I picked up in the storeroom to mend my clothes with.

17.3

Entró un día y armó un escándalo por esos miserables trapos que cogí en el almacén para remendar mi ropa.

I wasn't decent.

17.4

Yo no era decente.

At least it must have been that, for she talked like a fury to Kurtz for an hour, pointing at me now and then.

17.5

Al menos debió de ser eso, porque estuvo hablando como una furia con Kurtz durante una hora, señalándome de vez en cuando.

I don't understand the dialect of this tribe.

17.6

No entiendo el dialecto de esta tribu.

17.7 Luckily for me, I fancy Kurtz felt too ill that day to care, or there would have been mischief.

Por suerte para mí, me imagino que Kurtz se sentía demasiado enfermo ese día como para preocuparse, o habría habido alguna travesura.

17.8 I don't understand ...No — it's too much for me.

No lo entiendo ...No, es demasiado para mí.

17.9 Ah, well, it's all over now.'

Ah, bueno, ya ha pasado todo.'

18.1 At this moment I heard Kurtz's deep voice behind the curtain:

En ese momento oí la profunda voz de Kurtz detrás de la cortina:

18.2 'Save me! - save the ivory, you mean. Don't tell me.

"¡Sálvame! - Salva el marfil, querrás decir. No me digas.

18.3 Save me! Why, I've had to save you.

¡Sálvame! He tenido que salvarte.

18.4 You are interrupting my plans now. Sick! Sick!

Ahora estás interrumpiendo mis planes. ¡Enfermo! ¡Enferma!

18.5 Not so sick as you would like to believe. Never mind.

No tan enfermo como te gustaría creer. No se preocupe.

18.6 I'll carry my ideas out yet — I will return.

Aún llevaré a cabo mis ideas — Volveré.

18.7 I'll show you what can be done.

Te mostraré lo que se puede hacer.

You with your little peddling notions — you are interfering with me.

Tú, con tus pequeñas nociones de venta ambulante, estás interfiriendo conmigo.

18.8

I will return. I ...'

Volveré. I ...'

18.9

The manager came out.

Salió el director.

19.1

He did me the honour to take me under the arm and lead me aside.

Me hizo el honor de cogerme del brazo y llevarme a un lado.

19.2

'He is very low, very low,' he said.

Es muy bajo, muy bajo," me dijo.

19.3

He considered it necessary to sigh,

Consideró necesario suspirar,

19.4

but neglected to be consistently sorrowful.

pero no se mostró consecuentemente afligido.

19.5

'We have done all we could for him — haven't we?

Hemos hecho todo lo que hemos podido por él, ¿verdad?

19.6

But there is no disguising the fact, Mr. Kurtz has done more harm than good to the Company.

Pero no se puede ocultar el hecho de que el Sr. Kurtz ha hecho más mal que bien a la Compañía.

19.7

He did not see the time was not ripe for vigorous action.

No se dio cuenta de que no había llegado el momento de actuar enérgicamente.

19.8

19.9 Cautiously, cautiously — that's my principle.
Con cautela, con cautela, ese es mi principio.

19.10 We must be cautious yet.
Debemos ser cautelosos todavía.

19.11 The district is closed to us for a time.
El distrito está cerrado para nosotros por un tiempo.

19.12 Deplorable! Upon the whole, the trade will suffer.
¡Deplorable! En general, el comercio sufrirá.

19.13 I don't deny there is a remarkable quantity of ivory —
mostly fossil.
No niego que hay una gran cantidad de marfil, la mayoría
fósil.

19.14 We must save it, at all events — but look how
precarious the position is — and why?
Debemos salvarlo, en todo caso, pero mira lo precaria que
es la posición y ¿por qué?

19.15 Because the method is unsound.'
Porque el método no es sólido.'

19.16 'Do you,' said I, looking at the shore, 'call it
'Usted,' dije, mirando a la orilla, 'lo llama

19.17 "unsound method? "'
"método poco sólido? "'

19.18 'Without doubt,' he exclaimed hotly. 'Don't you?
'Sin duda,' exclamó acaloradamente. '¿No es así?

19.19 '...'No method at all,' I murmured after a while.
'...'Ningún método en absoluto,' murmuré al cabo de un
rato.

'Exactly,' he exulted. 'I anticipated this. 19.20
'Exactamente,' exultó. Me lo esperaba.

Shows a complete want of judgment. 19.21
Demuestra una total falta de juicio.

It is my duty to point it out in the proper quarter.' 19.22
Es mi deber señalarlo en el lugar adecuado.'

'Oh,' said I, 'that fellow — what's his name? 19.23
'Oh,' dije, "ese tipo, ¿cómo se llama?

— the brickmaker, will make a readable report for 19.24
you.'
— el albañil, le hará un informe legible."

He appeared confounded for a moment. 19.25
Pareció confundido por un momento.

It seemed to me I had never breathed an atmosphere 19.26
so vile,
Me pareció que nunca había respirado una atmósfera tan
vil,

and I turned mentally to Kurtz for relief — positively 19.27
for relief.
y me volví mentalmente hacia Kurtz en busca de alivio —
de alivio.

'Nevertheless I think Mr. Kurtz is a remarkable man,' 19.28
'No obstante creo que el señor Kurtz es un hombre
extraordinario,'

I said with emphasis. 19.29
dije con énfasis.

19.30 **He started, dropped on me a heavy glance, said very quietly,**
Se sobresaltó, me dirigió una mirada pesada, dijo en voz muy baja,

19.31 **'he was,' and turned his back on me.**
"Lo era," y me dio la espalda.

19.32 **My hour of favour was over;**
Mi hora de favor había terminado;

19.33 **I found myself lumped along with Kurtz as a partisan of methods for which the time was not ripe:**
me encontraba junto a Kurtz como partidario de métodos para los que no había llegado el momento:

19.34 **I was unsound! Ah! but it was something to have at least a choice of nightmares.**
¡yo no estaba bien! Ah, pero era bueno tener al menos una elección de pesadillas.

20.1 **I had turned to the wilderness really, not to Mr. Kurtz, who, I was ready to admit, was as good as buried.**
En realidad me había vuelto hacia el desierto, no hacia el señor Kurtz, quien, estaba dispuesto a admitir, estaba como enterrado.

20.2 **And for a moment it seemed to me as if I also were buried in a vast grave full of unspeakable secrets.**
Y por un momento me pareció como si yo también estuviera enterrado en una vasta tumba llena de secretos indecibles.

I felt an intolerable weight oppressing my breast,
the smell of the damp earth, the unseen presence
of victorious corruption, the darkness of an
impenetrable night ...The Russian tapped me on
the shoulder.

20.3

Sentía un peso intolerable que me oprimía el pecho, el olor
de la tierra húmeda, la presencia invisible de la corrupción
victoriosa, la oscuridad de una noche impenetrable ...El
ruso me dio un golpecito en el hombro.

I heard him mumbling and stammering something
about

20.4

Le oí murmurar y balbucear algo sobre

'brother seaman — couldn't conceal — knowledge of
matters that would affect Mr. Kurtz's reputation.'

20.5

'hermano marino — no podía ocultar — saber de asuntos
que afectarían a la reputación del señor Kurtz.'

I waited.

20.6

Esperé.

For him evidently Mr. Kurtz was not in his grave;

20.7

Para él, evidentemente, el señor Kurtz no estaba en la
tumba;

I suspect that for him Mr. Kurtz was one of the
immortals.

20.8

sospecho que para él el señor Kurtz era uno de los
inmortales.

'Well!' said I at last, 'speak out.

20.9

'Bien!' dije al fin, 'habla.

As it happens, I am Mr. Kurtz's friend — in a way.'

20.10

Resulta que, en cierto modo, soy amigo del señor Kurtz.'

21.1 He stated with a good deal of formality that had we
not been 'of the same profession,'
Afirmó con mucha formalidad que si no hubiéramos sido de
la misma profesión,'

21.2 he would have kept the matter to himself without
regard to consequences.
se habría guardado el asunto para sí sin importarle las
consecuencias.

21.3 'He suspected there was an active ill-will towards
him on the part of these white men that — '
Sospechaba que había una activa mala voluntad hacia él
por parte de esos hombres blancos que — '

21.4 'You are right,' I said,
'Tiene usted razón,' dije,

21.5 remembering a certain conversation I had overheard.
recordando cierta conversación que había oído por
casualidad.

21.6 'The manager thinks you ought to be hanged.'
'El director cree que deberían colgarte.'

21.7 He showed a concern at this intelligence which
amused me at first.
Mostró una preocupación ante esta información que al
principio me divirtió.

21.8 'I had better get out of the way quietly,'
'Será mejor que me quite de en medio,'

21.9 he said earnestly. 'I can do no more for Kurtz now,
dijo seriamente. 'Ya no puedo hacer nada más por Kurtz,

and they would soon find some excuse. What's to stop them?

y pronto encontrarán alguna excusa. ¿Qué les detendrá?

There's a military post three hundred miles from here.'

Hay un puesto militar a trescientas millas de aquí.'

'Well, upon my word,' said I,

'Bien, en mi palabra,' dije yo,

'perhaps you had better go if you have any friends amongst the savages near by.'

'quizás sea mejor que vayas si tienes algún amigo entre los salvajes cercanos.'

'Plenty,' he said.

'Muchos,' dijo.

'They are simple people — and I want nothing, you know.'

'Son gente sencilla, y yo no quiero nada, ya lo sabes.'

He stood biting his lip, then:

Se mordió el labio:

'I don't want any harm to happen to these whites here, but of course I was thinking of Mr. Kurtz's reputation — but you are a brother seaman and — '
'All right,' said I, after a time.

No quiero que les pase nada malo a estos blancos de aquí, pero, por supuesto, estaba pensando en la reputación del señor Kurtz, pero usted es un hermano marinero y ...' 'Está bien,' dije yo, después de un rato.

'Mr. Kurtz's reputation is safe with me.'

La reputación del señor Kurtz está a salvo conmigo."

21.19 I did not know how truly I spoke.

No sabía con qué verdad hablaba.

22.1 He informed me, lowering his voice, that it was Kurtz who had ordered the attack to be made on the steamer.

Me informó, bajando la voz, que había sido Kurtz quien había ordenado atacar el vapor.

22.2 'He hated sometimes the idea of being taken away — and then again ...But I don't understand these matters.

'Odiaba a veces la idea de que se lo llevaran ...y luego otra vez ...Pero yo no entiendo de estos asuntos.

22.3 I am a simple man.

Soy un hombre sencillo.

22.4 He thought it would scare you away — that you would give it up,

Pensó que te asustaría,

22.5 thinking him dead. I could not stop him.

que lo abandonarías dándolo por muerto. No pude detenerlo.

22.6 Oh, I had an awful time of it this last month.'

Lo he pasado fatal este último mes.'

22.7 'Very well,' I said. 'He is all right now.'

'Muy bien,' dije. 'Ahora está bien.'

22.8 'Ye-e-es,' he muttered, not very convinced apparently.

'Sí, sí,' murmuró, aparentemente no muy convencido.

'Thanks,' said I; 'I shall keep my eyes open.'   22.9
'Gracias,' dije; 'Mantendré los ojos abiertos.'

'But quiet-eh?' he urged anxiously.   22.10
'Pero no hagas ruido?' me apremió con ansiedad.

'It would be awful for his reputation if anybody   22.11
here — '
'Sería terrible para su reputación que alguien de aquí — '

I promised a complete discretion with great gravity.   22.12
Prometí una discreción total con gran gravedad.

'I have a canoe and three black fellows waiting not   22.13
very far.
Tengo una canoa y tres negros esperando no muy lejos.

I am off. Could you give me a few Martini-Henry   22.14
cartridges?'
Me voy. ¿Podría darme algunos cartuchos Martini- Henry?'

I could, and did, with proper secrecy.   22.15
Podía, y lo hice, con el debido secreto.

He helped himself, with a wink at me, to a handful of   22.16
my tobacco.
Se sirvió, guiñándome un ojo, un puñado de mi tabaco.

'Between sailors — you know — good English   22.17
tobacco.'
'Entre marineros, ya sabe, buen tabaco inglés.'

At the door of the pilot-house he turned round —   22.18
En la puerta de la caseta del piloto se dio la vuelta —

'I say, haven't you a pair of shoes you could spare?'   22.19
'¿No tienes un par de zapatos que te sobren?'

22.20 **He raised one leg. 'Look.'**
Levantó una pierna. 'Mire.'

22.21 **The soles were tied with knotted strings sandalwise under his bare feet.**
Las suelas estaban atadas con cuerdas anudadas a modo de sandalias bajo sus pies descalzos.

22.22 **I rooted out an old pair,**
Le saqué un par viejo,

22.23 **at which he looked with admiration before tucking it under his left arm.**
que miró con admiración antes de metérselo bajo el brazo izquierdo.

22.24 **One of his pockets (bright red) was bulging with cartridges,**
Uno de sus bolsillos (rojo brillante) estaba repleto de cartuchos,

22.25 **from the other (dark blue) peeped 'Towson's Inquiry,' etc.,**
del otro (azul oscuro) asomaba "Towson's Inquiry," etc.,

22.26 **etc. He seemed to think himself excellently well equipped for a renewed encounter with the wilderness.**
etc. Parecía creerse excelentemente bien equipado para un nuevo encuentro con la naturaleza.

22.27 **'Ah! I'll never, never meet such a man again.**
Nunca, nunca volveré a encontrarme con un hombre así.

22.28 **You ought to have heard him recite poetry — his own, too, it was, he told me.**
Tendrías que haberle oído recitar poesía, la suya propia, según me dijo.

Poetry!' He rolled his eyes at the recollection of these delights." 22.29

Poesía."

'Oh, he enlarged my mind!' 'Good-bye,' said I. 22.30

Puso los ojos en blanco al recordar aquellas delicias.

He shook hands and vanished in the night. 22.31

"¡Oh, él agrandó mi mente! Me dio la mano y desapareció en la noche.

Sometimes I ask myself whether I had ever really seen him — whether it was possible to meet such a phenomenon! ... 22.32

A veces me pregunto si le he visto de verdad, si es posible encontrarse con semejante fenómeno ...

When I woke up shortly after midnight his warning came to my mind with its hint of danger that seemed, in the starred darkness, real enough to make me get up for the purpose of having a look round. 23.1

Cuando me desperté, poco después de medianoche, me vino a la mente su advertencia, con su insinuación de peligro que parecía, en la oscuridad estrellada, lo bastante real como para hacerme levantar con el propósito de echar un vistazo.

On the hill a big fire burned, illuminating fitfully a crooked corner of the station-house. 23.2

En la colina ardía una gran hoguera que iluminaba débilmente un rincón torcido de la comisaría.

One of the agents with a picket of a few of our blacks, armed for the purpose, was keeping guard over the ivory; 23.3

Uno de los agentes, con un piquete de algunos de nuestros negros, armados al efecto, vigilaba el marfil;

23.4 but deep within the forest, red gleams that wavered, that seemed to sink and rise from the ground amongst confused columnar shapes of intense blackness, showed the exact position of the camp where Mr. Kurtz's adorers were keeping their uneasy vigil.

pero en lo profundo del bosque, unos destellos rojos que vacilaban, que parecían hundirse y elevarse del suelo entre confusas formas columnares de intensa negrura, mostraban la posición exacta del campamento donde los adoradores del señor Kurtz mantenían su inquieta vigilia.

23.5 The monotonous beating of a big drum filled the air with muffled shocks and a lingering vibration.

El monótono redoble de un gran tambor llenaba el aire de choques amortiguados y de una vibración persistente.

23.6 A steady droning sound of many men chanting each to himself some weird incantation came out from the black, flat wall of the woods as the humming of bees comes out of a hive, and had a strange narcotic effect upon my half-awake senses.

Un zumbido constante de muchos hombres canturreando cada uno para sí algún extraño encantamiento salía de la pared negra y plana del bosque como el zumbido de las abejas sale de una colmena, y tenía un extraño efecto narcótico sobre mis sentidos medio despiertos.

23.7 I believe I dozed off leaning over the rail, till an abrupt burst of yells, an overwhelming outbreak of a pent-up and mysterious frenzy, woke me up in a bewildered wonder.

Creo que me quedé dormido inclinado sobre la barandilla, hasta que un brusco estallido de gritos, un abrumador estallido de un frenesí reprimido y misterioso, me despertó en un desconcertado asombro.

It was cut short all at once, 23.8

Se interrumpió de golpe,

and the low droning went on with an effect of audible 23.9
and soothing silence.

y el zumbido bajo continuó con un efecto de silencio
audible y tranquilizador.

I glanced casually into the little cabin. 23.10

Eché un vistazo despreocupado a la pequeña cabaña.

A light was burning within, but Mr. Kurtz was not 23.11
there.

Había una luz encendida, pero el señor Kurtz no estaba allí.

I think I would have raised an outcry if I had believed 24.1
my eyes.

Creo que habría gritado si hubiera creído a mis ojos.

But I didn't believe them at first — the thing seemed 24.2
so impossible.

Pero al principio no les creí, la cosa parecía tan imposible.

The fact is I was completely unnerved by a sheer 24.3
blank fright, pure abstract terror, unconnected with
any distinct shape of physical danger.

El hecho es que me sentí completamente desconcertado
por un espanto en blanco, puro terror abstracto, ajeno a
cualquier forma distintiva de peligro físico.

What made this emotion so overpowering was - 24.4

Lo que hizo que esta emoción fuera tan abrumadora fue -

how shall I define it? 24.5

¿cómo definirlo?

24.6 – the moral shock I received, as if something altogether monstrous, intolerable to thought and odious to the soul, had been thrust upon me unexpectedly.

– la conmoción moral que recibí, como si algo totalmente monstruoso, intolerable para el pensamiento y odioso para el alma, me hubiera sido arrojado inesperadamente.

24.7 This lasted of course the merest fraction of a second, and then the usual sense of commonplace, deadly danger, the possibility of a sudden onslaught and massacre, or something of the kind, which I saw impending, was positively welcome and composing.

Esto duró, por supuesto, la más mínima fracción de segundo, y luego la habitual sensación de peligro común y mortal, la posibilidad de un repentino ataque y masacre, o algo por el estilo, que veía inminente, fue positivamente bienvenida y tranquilizadora.

24.8 It pacified me, in fact, so much that I did not raise an alarm.

De hecho, me tranquilizó tanto que no di la voz de alarma.

25.1 There was an agent buttoned up inside an ulster and sleeping on a chair on deck within three feet of me.

Había un agente abotonado dentro de un buzo y durmiendo en una silla en cubierta a menos de un metro de mí.

25.2 The yells had not awakened him; he snored very slightly;

Los gritos no le habían despertado; roncaba muy levemente;

25.3 I left him to his slumbers and leaped ashore.

le dejé con su sueño y salté a tierra.

I did not betray Mr. Kurtz — it was ordered I should   25.4
never betray him — it was written I should be loyal to
the nightmare of my choice.

No traicioné al señor Kurtz; estaba ordenado que nunca lo
traicionara; estaba escrito que debía ser leal a la pesadilla
de mi elección.

I was anxious to deal with this shadow by myself   25.5
alone — and to this day I don't know why I was
so jealous of sharing with any one the peculiar
blackness of that experience.

Estaba ansioso por enfrentarme a esa sombra yo solo,
y hasta el día de hoy no sé por qué estaba tan celoso
de compartir con nadie la peculiar negrura de aquella
experiencia.

As soon as I got on the bank I saw a trail — a broad   26.1
trail through the grass.

En cuanto llegué a la orilla, vi un rastro, un ancho rastro
entre la hierba.

I remember the exultation with which I said to   26.2
myself,

Recuerdo el júbilo con que me dije:

'He can't walk — he is crawling on all-fours — I've got   26.3
him.'

"No puede andar, se arrastra a cuatro patas, lo tengo."

The grass was wet with dew.   26.4

La hierba estaba mojada por el rocío.

I strode rapidly with clenched fists.   26.5

Caminaba rápidamente con los puños cerrados.

26.6 I fancy I had some vague notion of falling upon him and giving him a drubbing.

Creo que tenía la vaga idea de caer sobre él y darle una paliza.

26.7 I don't know. I had some imbecile thoughts.

No lo sé. Tuve algunos pensamientos imbéciles.

26.8 The knitting old woman with the cat obtruded herself upon my memory as a most improper person to be sitting at the other end of such an affair.

La vieja tejedora con el gato se impuso en mi memoria como la persona más impropia para estar sentada al otro lado de semejante asunto.

26.9 I saw a row of pilgrims squirting lead in the air out of Winchesters held to the hip.

Vi una hilera de peregrinos lanzando chorros de plomo al aire desde Winchesters sostenidas en la cadera.

26.10 I thought I would never get back to the steamer,

Pensé que nunca volvería al vapor,

26.11 and imagined myself living alone and unarmed in the woods to an advanced age.

y me imaginé viviendo solo y desarmado en el bosque hasta una edad avanzada.

26.12 Such silly things — you know.

Qué tonterías.

26.13 And I remember I confounded the beat of the drum with the beating of my heart,

Y recuerdo que confundí el golpe del tambor con los latidos de mi corazón,

and was pleased at its calm regularity. 26.14

y me alegré de su tranquila regularidad.

I kept to the track though — then stopped to listen. 27.1

Pero seguí el camino y me detuve a escuchar.

The night was very clear; 27.2

La noche era muy clara;

a dark blue space, sparkling with dew and starlight, 27.3
in which black things stood very still.

un espacio azul oscuro, centelleante de rocío y luz de
estrellas, en el que las cosas negras permanecían muy
quietas.

I thought I could see a kind of motion ahead of me. 27.4

Me pareció ver una especie de movimiento delante de mí.

I was strangely cocksure of everything that night. 27.5

Aquella noche estaba extrañamente seguro de todo.

I actually left the track and ran in a wide semicircle (I 27.6
verily believe chuckling to myself) so as to get in front
of that stir,

Abandoné la pista y corrí en un amplio semicírculo (creo
que riendo para mis adentros) para ponerme delante de
aquel movimiento que había visto,

of that motion I had seen — if indeed I had seen 27.7
anything.

si es que había visto algo.

I was circumventing Kurtz as though it had been a 27.8
boyish game.

Estaba sorteando a Kurtz como si hubiera sido un juego de
niños.

28.1 I came upon him, and, if he had not heard me coming, I would have fallen over him, too, but he got up in time.

Me acerqué a él y, si no me hubiera oído llegar, también habría caído sobre él, pero se levantó a tiempo.

28.2 He rose, unsteady, long, pale, indistinct, like a vapour exhaled by the earth, and swayed slightly, misty and silent before me;

Se levantó, inseguro, largo, pálido, indistinto, como un vapor exhalado por la tierra, y se balanceó ligeramente, brumoso y silencioso ante mí;

28.3 while at my back the fires loomed between the trees,

mientras a mi espalda los fuegos asomaban entre los árboles,

28.4 and the murmur of many voices issued from the forest.

y el murmullo de muchas voces salía del bosque.

28.5 I had cut him off cleverly;

Le había cortado el paso astutamente;

28.6 but when actually confronting him I seemed to come to my senses,

pero cuando realmente me enfrenté a él me pareció recobrar el sentido,

28.7 I saw the danger in its right proportion.

vi el peligro en su justa proporción.

28.8 It was by no means over yet. Suppose he began to shout?

Aún no había terminado. ¿Y si empezaba a gritar?

Though he could hardly stand, 28.9
Aunque apenas podía tenerse en pie,

there was still plenty of vigour in his voice. 'Go away - 28.10
su voz era todavía muy vigorosa. Vete, escóndete -

hide yourself,' he said, in that profound tone. 28.11
dijo en aquel tono profundo-.

It was very awful. I glanced back. 28.12
Era horrible. Miré hacia atrás.

We were within thirty yards from the nearest fire. 28.13
Estábamos a menos de treinta metros del fuego más
cercano.

A black figure stood up, strode on long black legs, 28.14
waving long black arms, across the glow.
Una figura negra se levantó, caminó sobre largas piernas
negras, agitando largos brazos negros, a través del
resplandor.

It had horns - antelope horns, I think - on its head. 28.15
Tenía cuernos - cuernos de antílope, creo - en la cabeza.

Some sorcerer, some witch-man, no doubt: 28.16
Algún hechicero, algún hombre brujo, sin duda:

it looked fiendlike enough. 28.17
parecía un demonio.

'Do you know what you are doing?' I whispered. 28.18
'¿Sabes lo que estás haciendo?' susurré.

28.19 'Perfectly,' he answered, raising his voice for that single word: it sounded to me far off and yet loud, like a hail through a speaking-trumpet.

Perfectamente - contestó, alzando la voz para pronunciar aquella única palabra, que me sonó lejana y fuerte, como un granizo lanzado por una trompeta parlante-.

28.20 'If he makes a row we are lost,' I thought to myself.

Si se pone a gritar, estamos perdidos," pensé.

28.21 This clearly was not a case for fisticuffs, even apart from the very natural aversion I had to beat that Shadow — this wandering and tormented thing.

Estaba claro que no era un caso para pelearse a puñetazos, aparte de la aversión natural que sentía por golpear a esa Sombra, esa cosa errante y atormentada.

28.22 'You will be lost,' I said — 'utterly lost.'

"Estarás perdido," dije, "completamente perdido."

28.23 One gets sometimes such a flash of inspiration, you know.

A veces uno tiene un destello de inspiración, sabe.

28.24 I did say the right thing, though indeed he could not have been more irretrievably lost than he was at this very moment, when the foundations of our intimacy were being laid — to endure — to endure — even to the end — even beyond.

Dije lo correcto, aunque en realidad él no podía estar más irremediablemente perdido de lo que estaba en ese preciso momento, cuando se estaban sentando las bases de nuestra intimidad — para resistir — para resistir — incluso hasta el final — incluso más allá.

'I had immense plans,' he muttered irresolutely. 29.1
'Yes,'
'Tenía grandes planes,' murmuró irresoluto. 'Sí,'

said I; 29.2
dije yo;

'but if you try to shout I'll smash your head with — ' 29.3
'pero si intentas gritar te parto la cabeza con — '

There was not a stick or a stone near. 29.4
No había ni un palo ni una piedra cerca.

'I will throttle you for good,' I corrected myself. 29.5
'Te estrangularé para siempre,' me corregí.

'I was on the threshold of great things,' 29.6
'Estaba en el umbral de grandes cosas,'

he pleaded, in a voice of longing, with a wistfulness 29.7
of tone that made my blood run cold.
suplicó con voz anhelante, con un tono melancólico que me
heló la sangre-.

'And now for this stupid scoundrel — ' 'Your success 29.8
in Europe is assured in any case,'
Tu éxito en Europa está asegurado en cualquier caso, "

I affirmed steadily. 29.9
afirmé con firmeza.

I did not want to have the throttling of him, you 29.10
understand — and indeed it would have been very
little use for any practical purpose.
No quería estrangularlo, como comprenderá, y de hecho no
habría servido de mucho para ningún fin práctico.

29.11 I tried to break the spell -

Intenté romper el hechizo -

29.12 the heavy, mute spell of the wilderness -

el pesado y mudo hechizo de la naturaleza salvaje -

29.13 that seemed to draw him to its pitiless breast by the awakening of forgotten and brutal instincts,

que parecía atraerlo hacia su pecho despiadado mediante el despertar de instintos olvidados y brutales,

29.14 by the memory of gratified and monstrous passions.

mediante el recuerdo de pasiones gratificadas y monstruosas.

29.15 This alone, I was convinced, had driven him out to the edge of the forest, to the bush, towards the gleam of fires, the throb of drums, the drone of weird incantations;

Sólo esto, estaba convencido, le había empujado a la linde del bosque, a la espesura, hacia el resplandor de los fuegos, el palpitar de los tambores, el zumbido de extraños encantamientos;

29.16 this alone had beguiled his unlawful soul beyond the bounds of permitted aspirations.

sólo esto había seducido su alma ilícita más allá de los límites de las aspiraciones permitidas.

And, don't you see, the terror of the position was not in being knocked on the head — though I had a very lively sense of that danger, too — but in this, that I had to deal with a being to whom I could not appeal in the name of anything high or low.

29.17

Y, no veas, el terror de la situación no consistía en que me golpearan en la cabeza - aunque yo también tenía una sensación muy viva de ese peligro-, sino en que tenía que tratar con un ser al que no podía apelar en nombre de nada elevado o bajo.

I had, even like the niggers, to invoke him — himself — his own exalted and incredible degradation.

29.18

Tenía, incluso como los negros, que invocarlo a él, a sí mismo, a su propia exaltada e increíble degradación.

There was nothing either above or below him, and I knew it.

29.19

No había nada por encima ni por debajo de él, y yo lo sabía.

He had kicked himself loose of the earth.

29.20

Se había desprendido de la tierra a patadas.

Confound the man! he had kicked the very earth to pieces.

29.21

Había hecho pedazos la tierra misma.

He was alone,

29.22

Estaba solo,

and I before him did not know whether I stood on the ground or floated in the air.

29.23

y yo ante él no sabía si estaba en el suelo o flotaba en el aire.

29.24 I've been telling you what we said — repeating the phrases we pronounced — but what's the good?

Te he estado contando lo que dijimos, repitiendo las frases que pronunciamos, pero ¿para qué?

29.25 They were common everyday words — the familiar,

Eran palabras comunes y corrientes,

29.26 vague sounds exchanged on every waking day of life.

sonidos familiares y vagos que se intercambian todos los días de la vida.

29.27 But what of that?

Pero, ¿y eso?

29.28 They had behind them, to my mind, the terrific suggestiveness of words heard in dreams, of phrases spoken in nightmares.

Tenían detrás, a mi entender, la terrible sugestión de las palabras oídas en sueños, de las frases pronunciadas en pesadillas.

29.29 Soul! If anybody ever struggled with a soul,

¡Alma! Si alguien alguna vez luchó con un alma,

29.30 I am the man. And I wasn't arguing with a lunatic either.

yo soy el hombre. Y tampoco estaba discutiendo con un lunático.

Believe me or not, his intelligence was perfectly clear — concentrated, it is true, upon himself with horrible intensity, yet clear; and therein was my only chance — barring, of course, the killing him there and then, which wasn't so good, on account of unavoidable noise.

Créame o no, su inteligencia era perfectamente clara; concentrada, es cierto, en sí misma con horrible intensidad, pero clara; y ahí estaba mi única oportunidad, salvo, por supuesto, matarlo allí mismo, lo cual no era tan bueno, a causa del inevitable ruido.

But his soul was mad.

Pero su alma estaba loca.

Being alone in the wilderness, it had looked within itself, and, by heavens!

Estando sola en el desierto, había mirado en su interior y, ¡por todos los cielos!

I tell you, it had gone mad. I had - for my sins,

Les digo que se había vuelto loca. Tuve - por mis pecados,

I suppose - to go through the ordeal of looking into it myself.

supongo - que pasar por la prueba de mirarla yo mismo.

No eloquence could have been so withering to one's belief in mankind as his final burst of sincerity.

Ninguna elocuencia podría haber sido tan demoledora para la fe en la humanidad como su estallido final de sinceridad.

He struggled with himself, too. I saw it — I heard it.

También luchó consigo mismo. Lo vi, lo oí.

29.38 I saw the inconceivable mystery of a soul that knew no restraint, no faith, and no fear, yet struggling blindly with itself.

Vi el misterio inconcebible de un alma que no conocía freno, ni fe, ni miedo, y que, sin embargo, luchaba ciegamente consigo misma.

29.39 I kept my head pretty well;

Mantuve bastante bien la cabeza;

29.40 but when I had him at last stretched on the couch, I wiped my forehead, while my legs shook under me as though I had carried half a ton on my back down that hill.

pero cuando por fin lo tuve tendido en el diván, me enjugué la frente, mientras las piernas me temblaban debajo de mí como si hubiera cargado media tonelada a la espalda colina abajo.

29.41 And yet I had only supported him, his bony arm clasped round my neck — and he was not much heavier than a child.

Y, sin embargo, sólo lo había sostenido con su brazo huesudo alrededor de mi cuello, y él no pesaba mucho más que un niño.

When next day we left at noon, the crowd, of whose 30.1
presence behind the curtain of trees I had been
acutely conscious all the time, flowed out of the
woods again, filled the clearing, covered the slope
with a mass of naked, breathing, quivering, bronze
bodies.

Cuando al día siguiente salimos a mediodía, la multitud,
de cuya presencia tras la cortina de árboles yo había sido
agudamente consciente todo el tiempo, fluyó de nuevo
fuera del bosque, llenó el claro, cubrió la ladera con una
masa de cuerpos desnudos, respirando, temblorosos, de
bronce.

I steamed up a bit, then swung down stream, and 30.2
two thousand eyes followed the evolutions of the
splashing, thumping, fierce river-demon beating the
water with its terrible tail and breathing black smoke
into the air.

Remonté un poco el río, luego me deslicé corriente abajo,
y dos mil ojos siguieron las evoluciones de aquel feroz
demonio fluvial que salpicaba y golpeaba el agua con su
terrible cola y exhalaba humo negro en el aire.

In front of the first rank, along the river, three men, 30.3
plastered with bright red earth from head to foot,
strutted to and fro restlessly.

Delante de la primera fila, a lo largo del río, tres hombres,
cubiertos de tierra roja brillante de pies a cabeza, se
pavoneaban inquietos de un lado a otro.

When we came abreast again, they faced the river, 30.4
stamped their feet, nodded their horned heads,
swayed their scarlet bodies;

Cuando volvimos a estar frente a ellos, miraron hacia
el río, zapatearon, asintieron con sus cabezas cornudas,
balancearon sus cuerpos escarlata;

30.5 **they shook towards the fierce river-demon a bunch of black feathers, a mangy skin with a pendent tail — something that looked a dried gourd;**

agitaron hacia el feroz demonio del río un manojo de plumas negras, una piel sarnosa con una cola colgante, algo que parecía una calabaza seca;

30.6 **they shouted periodically together strings of amazing words that resembled no sounds of human language;**

gritaron periódicamente juntas ristras de palabras asombrosas que no se parecían a ningún sonido del lenguaje humano;

30.7 **and the deep murmurs of the crowd, interrupted suddenly, were like the responses of some satanic litany.**

y los profundos murmullos de la multitud, interrumpidos de repente, eran como las respuestas de alguna letanía satánica.

31.1 **We had carried Kurtz into the pilot-house:**

Habíamos llevado a Kurtz a la timonera:

31.2 **there was more air there. Lying on the couch,**

allí había más aire. Tumbado en el sofá,

31.3 **he stared through the open shutter.**

miraba a través de la persiana abierta.

31.4 **There was an eddy in the mass of human bodies,**

Hubo un remolino en la masa de cuerpos humanos,

31.5 **and the woman with helmeted head and tawny cheeks rushed out to the very brink of the stream.**

y la mujer de casco y mejillas leonadas se precipitó al borde mismo de la corriente.

She put out her hands, shouted something, and all that wild mob took up the shout in a roaring chorus of articulated, rapid, breathless utterance. 31.6

Extendió las manos, gritó algo, y toda aquella muchedumbre salvaje hizo suyo el grito en un estruendoso coro de expresiones articuladas, rápidas y sin aliento.

'Do you understand this?' I asked. 32.1

"¿Lo entiendes?" le pregunté.

He kept on looking out past me with fiery, longing eyes, with a mingled expression of wistfulness and hate. 33.1

Siguió mirándome con ojos ardientes y anhelantes, con una expresión que mezclaba nostalgia y odio.

He made no answer, but I saw a smile, a smile of indefinable meaning, appear on his colourless lips that a moment after twitched convulsively. 33.2

No respondió, pero vi aparecer una sonrisa, una sonrisa de significado indefinible, en sus labios incoloros, que un momento después se crisparon convulsivamente.

'Do I not?' 33.3

¿No es cierto?'

he said slowly, gasping, as if the words had been torn out of him by a supernatural power. 33.4

- dijo lentamente, jadeando, como si las palabras le hubieran sido arrancadas por un poder sobrenatural.

I pulled the string of the whistle, 34.1

Tiré de la cuerda del silbato,

34.2 **and I did this because I saw the pilgrims on deck getting out their rifles with an air of anticipating a jolly lark.**

y lo hice porque vi que los peregrinos de cubierta sacaban sus fusiles con aire de anticipar una alegre alondra.

34.3 **At the sudden screech there was a movement of abject terror through that wedged mass of bodies.**

Al oír el súbito chirrido, se produjo un movimiento de terror abyecto en aquella masa de cuerpos encajonados.

34.4 **'Don't! don't you frighten them away,'**

'No! No los espantes,'

34.5 **cried some one on deck disconsolately.**

gritó desconsoladamente alguien en cubierta.

34.6 **I pulled the string time after time.**

Tiré de la cuerda una y otra vez.

34.7 **They broke and ran, they leaped, they crouched, they swerved, they dodged the flying terror of the sound.**

Rompieron a correr, saltaron, se agazaparon, se desviaron, esquivaron el terror volador del sonido.

34.8 **The three red chaps had fallen flat, face down on the shore, as though they had been shot dead.**

Los tres pelirrojos habían caído de bruces, boca abajo en la orilla, como si los hubieran matado a tiros.

34.9 **Only the barbarous and superb woman did not so much as flinch,**

Sólo la bárbara y soberbia mujer ni siquiera se inmutó,

and stretched tragically her bare arms after us over
the sombre and glittering river.

34.10

y extendió trágicamente sus brazos desnudos tras nosotros
sobre el sombrío y reluciente río.

And then that imbecile crowd down on the deck
started their little fun,

35.1

Y entonces esa multitud imbécil de la cubierta comenzó su
pequeña diversión,

and I could see nothing more for smoke.

35.2

y no pude ver nada más por el humo.

The brown current ran swiftly out of the heart of
darkness,

36.1

La corriente marrón corría velozmente desde el corazón de
las tinieblas,

bearing us down towards the sea with twice the speed
of our upward progress;

36.2

llevándonos hacia el mar con el doble de velocidad que
nuestro avance ascendente;

and Kurtz's life was running swiftly, too, ebbing,
ebbing out of his heart into the sea of inexorable
time.

36.3

y la vida de Kurtz también corría velozmente, refluyendo,
refluyendo desde su corazón hacia el mar del tiempo
inexorable.

The manager was very placid, he had no
vital anxieties now, he took us both in with a
comprehensive and satisfied glance:

36.4

El director estaba muy plácido, ahora no tenía
preocupaciones vitales, nos contemplaba a los dos con
una mirada comprensiva y satisfecha:

36.5 the 'affair' had come off as well as could be wished.

el "asunto" había salido tan bien como se podía desear.

36.6 I saw the time approaching when I would be left alone of the party of

Veía acercarse el momento en que me quedaría solo del grupo de los

36.7 'unsound method.' The pilgrims looked upon me with disfavour.

"métodos poco sanos." Los peregrinos me miraban con desagrado.

36.8 I was, so to speak, numbered with the dead.

Estaba, por así decirlo, entre los muertos.

36.9 It is strange how I accepted this unforeseen partnership,

Es extraño cómo acepté esta asociación imprevista,

36.10 this choice of nightmares forced upon me in the tenebrous land invaded by these mean and greedy phantoms.

esta elección de pesadillas que se me imponía en la tierra tenebrosa invadida por estos fantasmas mezquinos y codiciosos.

37.1 Kurtz discoursed. A voice! a voice!

Kurtz discurrió. ¡Una voz! ¡Una voz!

37.2 It rang deep to the very last.

Sonó profunda hasta el final.

37.3 It survived his strength to hide in the magnificent folds of eloquence the barren darkness of his heart.

Sobrevivió a su fuerza para ocultar en los magníficos pliegues de la elocuencia la estéril oscuridad de su corazón.

Oh, he struggled! he struggled! 37.4

¡Oh, luchó! ¡Luchó!

The wastes of his weary brain were haunted by 37.5
shadowy images now — images of wealth and fame
revolving obsequiously round his unextinguishable
gift of noble and lofty expression.

Los desechos de su cansado cerebro eran acosados ahora
por sombrías imágenes, imágenes de riqueza y fama que
giraban obsequiosamente alrededor de su inextinguible
don de noble y elevada expresión.

My Intended, my station, my career, my ideas — 37.6
these were the subjects for the occasional utterances
of elevated sentiments.

Mis intenciones, mi posición, mi carrera, mis ideas: éstos
eran los temas de las ocasionales expresiones de elevados
sentimientos.

The shade of the original Kurtz frequented the 37.7
bedside of the hollow sham,

La sombra del Kurtz original frecuentaba la cabecera de la
hueca farsa,

whose fate it was to be buried presently in the mould 37.8
of primeval earth.

cuyo destino era ser enterrado en el molde de la tierra
primitiva.

37.9 But both the diabolic love and the unearthly hate of the mysteries it had penetrated fought for the possession of that soul satiated with primitive emotions, avid of lying fame, of sham distinction, of all the appearances of success and power.

Pero tanto el amor diabólico como el odio sobrenatural a los misterios que había penetrado luchaban por la posesión de aquella alma saciada de emociones primitivas, ávida de fama mentirosa, de distinción fingida, de todas las apariencias de éxito y poder.

38.1 Sometimes he was contemptibly childish.

A veces era despreciablemente infantil.

38.2 He desired to have kings meet him at railway-stations on his return from some ghastly Nowhere,

Deseaba que los reyes se reunieran con él en las estaciones de ferrocarril a su regreso de algún espantoso Nowhere,

38.3 where he intended to accomplish great things.

donde pretendía lograr grandes cosas.

38.4 'You show them you have in you something that is really profitable, and then there will be no limits to the recognition of your ability,' he would say.

Demuéstrales que tienes en ti algo que es realmente provechoso, y entonces no habrá límites para el reconocimiento de tu capacidad," decía.

38.5 'Of course you must take care of the motives — right motives — always.'

Por supuesto, debes cuidar siempre los motivos, los motivos correctos."

The long reaches that were like one and the same
reach, monotonous bends that were exactly alike,
slipped past the steamer with their multitude of
secular trees looking patiently after this grimy
fragment of another world, the forerunner of change,
of conquest, of trade, of massacres, of blessings.

Los largos tramos que parecían uno y el mismo tramo,
curvas monótonas que eran exactamente iguales, se
deslizaban junto al vapor con su multitud de árboles
seculares que miraban pacientemente tras este fragmento
mugriento de otro mundo, el precursor del cambio,
de la conquista, del comercio, de las masacres, de las
bendiciones.

I looked ahead — piloting.

Miré hacia delante.

'Close the shutter,'

Cierra la persiana - dijo de pronto Kurtz un día-,'

said Kurtz suddenly one day; 'I can't bear to look at
this.'

no soporto mirar esto."

I did so. There was a silence.

Así lo hice. Se hizo el silencio.

'Oh, but I will wring your heart yet!'

'Pero aún te estrujaré el corazón!'

he cried at the invisible wilderness.

gritó al desierto invisible.

We broke down — as I had expected — and had to lie
up for repairs at the head of an island.

Tuvimos una avería, como yo esperaba, y tuvimos que
parar a reparar el barco en el cabo de una isla.

39.2 This delay was the first thing that shook Kurtz's confidence.

Este retraso fue lo primero que sacudió la confianza de Kurtz.

39.3 One morning he gave me a packet of papers and a photograph — the lot tied together with a shoe-string.

Una mañana me dio un paquete de papeles y una fotografía, todo atado con un cordón de zapato.

39.4 'Keep this for me,' he said.

'Guárdame esto,' me dijo.

39.5 'This noxious fool' (meaning the manager) 'is capable of prying into my boxes when I am not looking.'

Este tonto nocivo" (se refería al director) "es capaz de husmear en mis cajas cuando no estoy mirando."

39.6 In the afternoon I saw him.

Por la tarde lo vi.

39.7 He was lying on his back with closed eyes, and I withdrew quietly, but I heard him mutter,

Estaba tumbado boca arriba con los ojos cerrados, y me retiré en silencio, pero le oí murmurar,

39.8 'Live rightly, die, die ...' I listened.

'Vive bien, muere, muere ...' Le escuché.

39.9 There was nothing more.

No había nada más.

39.10 Was he rehearsing some speech in his sleep,

¿Estaba ensayando algún discurso en sueños,

or was it a fragment of a phrase from some newspaper article?
o era un fragmento de una frase de algún artículo periodístico?

He had been writing for the papers and meant to do so again,
Había estado escribiendo para los periódicos y tenía intención de volver a hacerlo,

'for the furthering of my ideas. It's a duty.'
"para hacer avanzar mis ideas. Es un deber."

His was an impenetrable darkness.
La suya era una oscuridad impenetrable.

I looked at him as you peer down at a man who is lying at the bottom of a precipice where the sun never shines.
Le miré como se mira a un hombre que yace en el fondo de un precipicio donde nunca brilla el sol.

But I had not much time to give him, because I was helping the engine-driver to take to pieces the leaky cylinders, to straighten a bent connecting-rod, and in other such matters.
Pero no tenía mucho tiempo para dedicarle, porque estaba ayudando al maquinista a desmontar los cilindros agujereados, a enderezar una biela doblada y a otras cosas por el estilo.

I lived in an infernal mess of rust, filings, nuts, bolts, spanners, hammers, ratchet-drills — things I abominate, because I don't get on with them.
Vivía en un lío infernal de óxido, limaduras, tuercas, tornillos, llaves inglesas, martillos, carracas, cosas que aborrezco porque no me llevo bien con ellas.

40.5 **I tended the little forge we fortunately had aboard;**
Me ocupaba de la pequeña fragua que, por suerte, teníamos
a bordo;

40.6 **I toiled wearily in a wretched scrap-heap — unless I
had the shakes too bad to stand.**
trabajaba fatigosamente en un miserable montón de
chatarra, a menos que tuviera temblores demasiado fuertes
para soportarlos.

41.1 **One evening coming in with a candle I was startled to
hear him say a little tremulously,**
Una noche, al entrar con una vela, me sobresalté al oírle
decir un poco tembloroso,

41.2 **'I am lying here in the dark waiting for death.'**
"Estoy aquí tumbado en la oscuridad esperando la muerte."

41.3 **The light was within a foot of his eyes.**
La luz le llegaba a un palmo de los ojos.

41.4 **I forced myself to murmur, 'Oh, nonsense!'**
Me obligué a murmurar: "¡Oh, qué tontería!"

41.5 **and stood over him as if transfixed.**
y me quedé junto a él como paralizado.

42.1 **Anything approaching the change that came over his
features I have never seen before,**
Nunca había visto nada parecido al cambio que se produjo
en sus facciones,

42.2 **and hope never to see again. Oh, I wasn't touched.**
y espero no volver a verlo jamás. No me conmovió.

I was fascinated. It was as though a veil had been rent.   42.3

Estaba fascinado. Fue como si se hubiera rasgado un velo.

I saw on that ivory face the expression of sombre pride, of ruthless power, of craven terror — of an intense and hopeless despair.   42.4

Vi en aquel rostro de marfil la expresión de un orgullo sombrío, de un poder despiadado, de un terror cobarde, de una desesperación intensa y desesperanzada.

Did he live his life again in every detail of desire, temptation, and surrender during that supreme moment of complete knowledge?   42.5

¿Vivió de nuevo su vida en cada detalle de deseo, tentación y entrega durante aquel momento supremo de completo conocimiento?

He cried in a whisper at some image, at some vision — he cried out twice, a cry that was no more than a breath: 42.6

Gritó en un susurro ante alguna imagen, ante alguna visión; gritó dos veces, un grito que no fue más que un suspiro:

'The horror! The horror!'   43.1

'¡El horror! ¡El horror!'

I blew the candle out and left the cabin.   44.1

Apagué la vela y salí del camarote.

44.2 The pilgrims were dining in the mess-room, and I took my place opposite the manager, who lifted his eyes to give me a questioning glance, which I successfully ignored.

Los peregrinos estaban cenando en el comedor, y yo ocupé mi lugar frente al encargado, que levantó los ojos para dirigirme una mirada interrogativa, que ignoré con éxito.

44.3 He leaned back, serene, with that peculiar smile of his sealing the unexpressed depths of his meanness.

Se echó hacia atrás, sereno, con aquella peculiar sonrisa suya que sellaba las profundidades no expresadas de su mezquindad.

44.4 A continuous shower of small flies streamed upon the lamp, upon the cloth, upon our hands and faces.

Una lluvia continua de pequeñas moscas caía sobre la lámpara, sobre el paño, sobre nuestras manos y caras.

44.5 Suddenly the manager's boy put his insolent black head in the doorway,

De repente,

44.6 and said in a tone of scathing contempt:

el chico del gerente asomó su insolente cabeza negra por la puerta y dijo en un tono de mordaz desprecio:

45.1 'Mistah Kurtz — he dead.'

'El señor Kurtz está muerto.'

46.1 All the pilgrims rushed out to see.

Todos los peregrinos salieron corriendo a ver.

46.2 I remained, and went on with my dinner.

Yo me quedé y seguí con mi cena.

I believe I was considered brutally callous. However, 46.3

Creo que me consideraron brutalmente insensible. Sin
embargo,

I did not eat much. There was a lamp in there - light, 46.4

no comí mucho. Había una lámpara allí dentro - luz,

don't you know - and outside it was so beastly, 46.5

no lo sabes - y fuera estaba tan bestialmente,

beastly dark. 46.6

bestialmente oscuro.

I went no more near the remarkable man who had 46.7
pronounced a judgment upon the adventures of his
soul on this earth.

No me acerqué más al notable hombre que había
pronunciado un juicio sobre las aventuras de su alma en
esta tierra.

The voice was gone. What else had been there? 46.8

La voz había desaparecido. ¿Qué otra cosa había allí?

But I am of course aware that next day the pilgrims 46.9
buried something in a muddy hole.

Pero, por supuesto, sé que al día siguiente los peregrinos
enterraron algo en un agujero de barro.

And then they very nearly buried me. 47.1

Y luego casi me entierran.

However, as you see, I did not go to join Kurtz there 48.1
and then.

Sin embargo, como ves, no fui a reunirme con Kurtz allí y
entonces.

48.2 I did not. I remained to dream the nightmare out to the end,
No lo hice. Me quedé para soñar la pesadilla hasta el final,

48.3 and to show my loyalty to Kurtz once more. Destiny.
y para mostrar mi lealtad a Kurtz una vez más. Destino.

48.4 My destiny!
¡Mi destino!

48.5 Droll thing life is — that mysterious arrangement of merciless logic for a futile purpose.
Curiosa cosa es la vida, esa misteriosa disposición de lógica despiadada para un propósito inútil.

48.6 The most you can hope from it is some knowledge of yourself — that comes too late — a crop of unextinguishable regrets.
Lo más que puedes esperar de ella es algún conocimiento de ti mismo, que llega demasiado tarde, una cosecha de arrepentimientos inextinguibles.

48.7 I have wrestled with death.
He luchado con la muerte.

48.8 It is the most unexciting contest you can imagine.
Es el combate menos emocionante que puedas imaginar.

It takes place in an impalpable greyness, with nothing underfoot, with nothing around, without spectators, without clamour, without glory, without the great desire of victory, without the great fear of defeat, in a sickly atmosphere of tepid scepticism, without much belief in your own right, and still less in that of your adversary. 48.9

Tiene lugar en una grisura impalpable, sin nada bajo los pies, sin nada alrededor, sin espectadores, sin clamor, sin gloria, sin el gran deseo de la victoria, sin el gran temor de la derrota, en una atmósfera enfermiza de tibio escepticismo, sin creer mucho en tu propio derecho, y menos aún en el de tu adversario.

If such is the form of ultimate wisdom, 48.10

Si tal es la forma de la sabiduría última,

then life is a greater riddle than some of us think it to be. 48.11

entonces la vida es un enigma mayor de lo que algunos de nosotros pensamos que es.

I was within a hair's breadth of the last opportunity for pronouncement, 48.12

Estuve a un pelo de la última oportunidad de pronunciarme,

and I found with humiliation that probably I would have nothing to say. 48.13

y descubrí con humillación que probablemente no tendría nada que decir.

This is the reason why I affirm that Kurtz was a remarkable man. 48.14

Esta es la razón por la que afirmo que Kurtz era un hombre extraordinario.

48.15 **He had something to say. He said it.**

Tenía algo que decir. Y lo dijo.

48.16 **Since I had peeped over the edge myself, I understand better the meaning of his stare, that could not see the flame of the candle, but was wide enough to embrace the whole universe, piercing enough to penetrate all the hearts that beat in the darkness.**

Desde que yo mismo me asomé por el borde, comprendo mejor el significado de su mirada, que no podía ver la llama de la vela, pero era lo bastante amplia como para abarcar todo el universo, lo bastante penetrante como para atravesar todos los corazones que latían en la oscuridad.

48.17 **He had summed up — he had judged. 'The horror!'**

Había resumido, había juzgado. '¡El horror!'

48.18 **He was a remarkable man. After all,**

Era un hombre extraordinario. Después de todo,

48.19 **this was the expression of some sort of belief;**

era la expresión de una especie de creencia;

48.20 **it had candour, it had conviction, it had a vibrating note of revolt in its whisper, it had the appalling face of a glimpsed truth — the strange commingling of desire and hate.**

tenía candor, tenía convicción, tenía una vibrante nota de revuelta en su susurro, tenía el rostro espantoso de una verdad vislumbrada: la extraña mezcla del deseo y el odio.

And it is not my own extremity I remember best — a vision of greyness without form filled with physical pain, and a careless contempt for the evanescence of all things — even of this pain itself. 48.21

Y no es mi propio extremo lo que mejor recuerdo: una visión de grisura sin forma, llena de dolor físico, y un desprecio despreocupado por la evanescencia de todas las cosas, incluso del propio dolor.

No! It is his extremity that I seem to have lived through. 48.22

¡No! Es su extremo lo que me parece haber vivido.

True, he had made that last stride, he had stepped over the edge, while I had been permitted to draw back my hesitating foot. 48.23

Cierto, él había dado la última zancada, había cruzado el borde, mientras que a mí se me había permitido retirar mi pie vacilante.

And perhaps in this is the whole difference; 48.24

Y tal vez en esto radique toda la diferencia;

perhaps all the wisdom, and all truth, and all sincerity, are just compressed into that inappreciable moment of time in which we step over the threshold of the invisible. 48.25

tal vez toda la sabiduría, y toda la verdad, y toda la sinceridad, estén comprimidas en ese inapreciable momento de tiempo en el que cruzamos el umbral de lo invisible.

Perhaps! 48.26

Quizás!

48.27 I like to think my summing-up would not have been a word of careless contempt.

Me gusta pensar que mi resumen no habría sido una palabra de desprecio descuidado.

48.28 Better his cry — much better.

Mejor su grito, mucho mejor.

48.29 It was an affirmation, a moral victory paid for by innumerable defeats, by abominable terrors, by abominable satisfactions.

Era una afirmación, una victoria moral pagada por innumerables derrotas, por abominables terrores, por abominables satisfacciones.

48.30 But it was a victory!

Pero fue una victoria!

48.31 That is why I have remained loyal to Kurtz to the last, and even beyond, when a long time after I heard once more, not his own voice, but the echo of his magnificent eloquence thrown to me from a soul as translucently pure as a cliff of crystal.

Por eso he permanecido fiel a Kurtz hasta el final, e incluso más allá, cuando mucho tiempo después volví a oír, no su propia voz, sino el eco de su magnífica elocuencia lanzada hacia mí desde un alma tan translúcidamente pura como un acantilado de cristal.

49.1 No, they did not bury me, though there is a period of time which I remember mistily, with a shuddering wonder, like a passage through some inconceivable world that had no hope in it and no desire.

No, no me enterraron, aunque hay un período de tiempo que recuerdo vagamente, con una maravilla estremecedora, como un paso por un mundo inconcebible que no tenía esperanza ni deseo.

I found myself back in the sepulchral city resenting the sight of people hurrying through the streets to filch a little money from each other, to devour their infamous cookery, to gulp their unwholesome beer, to dream their insignificant and silly dreams.

49.2

Me encontré de vuelta en la ciudad sepulcral resintiendo la visión de la gente que se apresuraba por las calles a robarse un poco de dinero unos a otros, a devorar su infame cocina, a engullir su insana cerveza, a soñar sus insignificantes y tontos sueños.

They trespassed upon my thoughts.

49.3

Se inmiscuían en mis pensamientos.

They were intruders whose knowledge of life was to me an irritating pretence,

49.4

Eran intrusos cuyo conocimiento de la vida era para mí una pretensión irritante,

because I felt so sure they could not possibly know the things I knew.

49.5

porque estaba seguro de que no podían saber las cosas que yo sabía.

Their bearing, which was simply the bearing of commonplace individuals going about their business in the assurance of perfect safety, was offensive to me like the outrageous flauntings of folly in the face of a danger it is unable to comprehend.

49.6

Su actitud, que no era más que la actitud de personas corrientes que se ocupan de sus asuntos con la seguridad de que están perfectamente a salvo, me resultaba ofensiva, como los escandalosos alardes de la insensatez ante un peligro que es incapaz de comprender.

I had no particular desire to enlighten them,

49.7

No tenía ningún deseo particular de iluminarlos,

49.8 but I had some difficulty in restraining myself from laughing in their faces so full of stupid importance.
pero me costó un poco contenerme para no reírme en sus caras tan llenas de estúpida importancia.

49.9 I daresay I was not very well at that time.
Me atrevería a decir que no me encontraba muy bien en aquel momento.

49.10 I tottered about the streets -
Me tambaleaba por las calles -

49.11 there were various affairs to settle -
había varios asuntos que arreglar -

49.12 grinning bitterly at perfectly respectable persons.
sonriendo amargamente a personas perfectamente respetables.

49.13 I admit my behaviour was inexcusable,
Admito que mi comportamiento era inexcusable,

49.14 but then my temperature was seldom normal in these days.
pero mi temperatura rara vez era normal en aquellos días.

49.15 My dear aunt's endeavours to 'nurse up my strength'
Los esfuerzos de mi querida tía por "alimentar mis fuerzas"

49.16 seemed altogether beside the mark.
parecían totalmente fuera de lugar.

49.17 It was not my strength that wanted nursing,
No era mi fuerza la que necesitaba cuidados,

49.18 it was my imagination that wanted soothing.
era mi imaginación la que necesitaba alivio.

I kept the bundle of papers given me by Kurtz, 49.19
Guardé el fajo de papeles que me había dado Kurtz,

not knowing exactly what to do with it. 49.20
sin saber exactamente qué hacer con él.

His mother had died lately, watched over, as I was 49.21
told, by his Intended.
Su madre había muerto hacía poco, velada, según me
dijeron, por su Intendido.

A clean-shaved man, with an official manner and 49.22
wearing gold-rimmed spectacles, called on me one
day and made inquiries, at first circuitous, afterwards
suavely pressing, about what he was pleased to
denominate certain
Un hombre bien afeitado, de aspecto oficial y con gafas
de montura dorada, me visitó un día e hizo preguntas, al
principio tortuosas, después suavemente apremiantes,
sobre lo que se complacía en denominar ciertos

'documents.' I was not surprised, 49.23
"documentos." No me sorprendió,

because I had had two rows with the manager on the 49.24
subject out there.
porque había tenido dos discusiones con el director sobre el
tema.

I had refused to give up the smallest scrap out of that 49.25
package,
Me había negado a entregar el más mínimo trozo de aquel
paquete,

and I took the same attitude with the spectacled man. 49.26
y adopté la misma actitud con el hombre de las gafas.

49.27 He became darkly menacing at last, and with much heat argued that the Company had the right to every bit of information about its

Al final se volvió amenazador y argumentó con vehemencia que la Compañía tenía derecho a toda la información sobre sus

49.28 'territories.'

"territorios."

49.29 And said he, 'Mr. Kurtz's knowledge of unexplored regions must have been necessarily extensive and peculiar — owing to his great abilities and to the deplorable circumstances in which he had been placed: therefore — ' I assured him Mr. Kurtz's knowledge, however extensive, did not bear upon the problems of commerce or administration.

Le aseguré que los conocimientos del señor Kurtz, por extensos que fueran, no tenían nada que ver con los problemas del comercio o la administración.

49.30 He invoked then the name of science.

Invocó entonces el nombre de la ciencia.

49.31 'It would be an incalculable loss if,' etc., etc. I offered him the report on the 'Suppression of Savage Customs,' with the postscriptum torn off.

Sería una pérdida incalculable si ...," etc., etc. Le ofrecí el informe sobre la "Supresión de las costumbres salvajes," con el epílogo arrancado.

49.32 He took it up eagerly,

Lo cogió con impaciencia,

49.33 but ended by sniffing at it with an air of contempt.

pero acabó olfateándolo con aire de desprecio.

'This is not what we had a right to expect,' he remarked. 49.34

'Esto no es lo que teníamos derecho a esperar,' observó.

'Expect nothing else,' I said. 49.35

No espere otra cosa - dije-.

'There are only private letters.' 49.36

'Sólo son cartas privadas.'

He withdrew upon some threat of legal proceedings, 49.37

Se retiró amenazando con emprender acciones legales,

and I saw him no more; 49.38

y no volví a verle;

but another fellow, calling himself Kurtz's cousin, appeared two days later, and was anxious to hear all the details about his dear relative's last moments. 49.39

pero otro individuo, que se hacía llamar primo de Kurtz, apareció dos días más tarde, y estaba ansioso por conocer todos los detalles de los últimos momentos de su querido pariente.

Incidentally he gave me to understand that Kurtz had been essentially a great musician. 49.40

De paso me dio a entender que Kurtz había sido esencialmente un gran músico.

'There was the making of an immense success,' said the man, who was an organist, I believe, with lank grey hair flowing over a greasy coat-collar. 49.41

Tenía un éxito inmenso," dijo el hombre, que era organista, creo, con el pelo lacio y gris que le caía sobre el cuello de un abrigo grasiento.

49.42 I had no reason to doubt his statement; and to this day I am unable to say what was Kurtz's profession, whether he ever had any — which was the greatest of his talents.

No tenía motivos para dudar de su afirmación, y hasta el día de hoy soy incapaz de decir cuál era la profesión de Kurtz, si es que alguna vez tuvo alguna, que era el mayor de sus talentos.

49.43 I had taken him for a painter who wrote for the papers, or else for a journalist who could paint — but even the cousin (who took snuff during the interview) could not tell me what he had been — exactly.

Yo lo había tomado por un pintor que escribía para los periódicos, o bien por un periodista que sabía pintar, pero ni siquiera el primo (que tomó rapé durante la entrevista) pudo decirme qué había sido exactamente.

49.44 He was a universal genius — on that point I agreed with the old chap, who thereupon blew his nose noisily into a large cotton handkerchief and withdrew in senile agitation, bearing off some family letters and memoranda without importance.

Era un genio universal; en ese punto estaba de acuerdo con el viejo, que se sonó ruidosamente la nariz en un gran pañuelo de algodón y se retiró senilmente agitado, llevándose algunas cartas y recuerdos familiares sin importancia.

49.45 Ultimately a journalist anxious to know something of the fate of his 'dear colleague' turned up."

Al final apareció un periodista ansioso por saber algo del destino de su "querido colega."

49.46 This visitor informed me Kurtz's proper sphere ought to have been politics 'on the popular side.'

Este visitante me informó de que la esfera propia de Kurtz debería haber sido la política "en el lado popular."

He had furry straight eyebrows, bristly hair cropped short, an eyeglass on a broad ribbon, and, becoming expansive, confessed his opinion that Kurtz really couldn't write a bit -

49.47

Tenía las cejas peludas y rectas, el pelo hirsuto y corto, una gafa en una cinta ancha y, volviéndose expansivo, confesó su opinión de que Kurtz realmente no sabía escribir nada -

'but heavens! how that man could talk.

49.48

"¡pero cielos! cómo podía hablar ese hombre.

He electrified large meetings. He had faith — don't you see?

49.49

-" Electrizaba las grandes reuniones. Tenía fe, ¿no lo ve?

— he had the faith.

49.50

Tenía fe.

He could get himself to believe anything — anything.

49.51

Podía llegar a creer cualquier cosa, cualquier cosa.

He would have been a splendid leader of an extreme party.'

49.52

Habría sido un espléndido líder de un partido extremista.'

'What party?' I asked. 'Any party,'

49.53

'¿Qué partido?' pregunté. 'Cualquier partido,'

answered the other. 'He was an — an — extremist.'

49.54

respondió el otro. 'Era un extremista.'

Did I not think so? I assented.

49.55

¿No lo creía? Asentí.

49.56 Did I know, he asked, with a sudden flash of curiosity,
'what it was that had induced him to go out there?'

¿Sabía yo - preguntó, con un repentino destello de
curiosidad - qué era lo que le había inducido a ir allí?'

49.57 'Yes,'

'Sí,'

49.58 said I, and forthwith handed him the famous Report
for publication, if he thought fit.

dije, e inmediatamente le entregué el famoso Informe para
su publicación, si lo consideraba oportuno.

49.59 He glanced through it hurriedly, mumbling all the
time, judged

Lo hojeó apresuradamente, murmurando todo el
tiempo que

49.60 'it would do,' and took himself off with this plunder.

"serviría," y se marchó con el botín.

50.1 Thus I was left at last with a slim packet of letters and
the girl's portrait.

Así me quedé al fin con un delgado paquete de cartas y el
retrato de la muchacha.

50.2 She struck me as beautiful — I mean she had a
beautiful expression.

Me pareció hermosa, es decir, tenía una expresión
hermosa.

I know that the sunlight can be made to lie, too, yet one felt that no manipulation of light and pose could have conveyed the delicate shade of truthfulness upon those features.

Sé que también se puede hacer que la luz del sol mienta, pero uno sentía que ninguna manipulación de la luz y la pose podría haber transmitido el delicado matiz de veracidad de aquellas facciones.

She seemed ready to listen without mental reservation, without suspicion, without a thought for herself.

50.4

Parecía dispuesta a escuchar sin reservas mentales, sin sospechas, sin pensar en sí misma.

I concluded I would go and give her back her portrait and those letters myself.

50.5

Llegué a la conclusión de que yo mismo iría a devolverle el retrato y las cartas.

Curiosity? Yes; and also some other feeling perhaps.

50.6

¿Curiosidad? Sí, y quizá también algún otro sentimiento.

All that had been Kurtz's had passed out of my hands:

50.7

Todo lo que había sido de Kurtz había desaparecido de mis manos:

his soul, his body, his station, his plans, his ivory, his career.

50.8

su alma, su cuerpo, su posición, sus planes, su marfil, su carrera.

50.9 There remained only his memory and his Intended —
and I wanted to give that up, too, to the past, in a
way — to surrender personally all that remained of
him with me to that oblivion which is the last word of
our common fate.

Sólo quedaban su recuerdo y su intención, y yo quería
entregar eso también al pasado, en cierto modo, entregar
personalmente todo lo que quedaba de él conmigo a ese
olvido que es la última palabra de nuestro destino común.

50.10 I don't defend myself.

No me defiendo.

50.11 I had no clear perception of what it was I really
wanted.

No tenía una percepción clara de lo que realmente quería.

50.12 Perhaps it was an impulse of unconscious loyalty,

Tal vez fuera un impulso de lealtad inconsciente,

50.13 or the fulfilment of one of those ironic necessities
that lurk in the facts of human existence.

o el cumplimiento de una de esas irónicas necesidades que
acechan en los hechos de la existencia humana.

50.14 I don't know. I can't tell. But I went.

No lo sé. No puedo decirlo. Pero fui.

51.1 I thought his memory was like the other memories
of the dead that accumulate in every man's life —
a vague impress on the brain of shadows that had
fallen on it in their swift and final passage;

Pensé que su recuerdo era como los demás recuerdos de los
muertos que se acumulan en la vida de todo hombre: una
vaga impresión en el cerebro de sombras que habían caído
sobre él en su rápido y definitivo paso;

but before the high and ponderous door, between
the tall houses of a street as still and decorous as a
well-kept alley in a cemetery, I had a vision of him on
the stretcher, opening his mouth voraciously, as if to
devour all the earth with all its mankind.

51.2

pero ante la alta y pesada puerta, entre las altas casas de
una calle tan quieta y decorosa como un callejón bien
cuidado en un cementerio, tuve una visión de él en la
camilla, abriendo la boca vorazmente, como si quisiera
devorar toda la tierra con toda su humanidad.

He lived then before me;

51.3

Vivía entonces ante mí;

he lived as much as he had ever lived — a shadow
insatiable of splendid appearances,

51.4

vivía tanto como siempre había vivido: una sombra
insaciable de espléndidas apariencias,

of frightful realities;

51.5

de espantosas realidades;

a shadow darker than the shadow of the night,

51.6

una sombra más oscura que la sombra de la noche,

and draped nobly in the folds of a gorgeous
eloquence.

51.7

y envuelta noblemente en los pliegues de una elocuencia
magnífica.

51.8 The vision seemed to enter the house with me —
the stretcher, the phantom-bearers, the wild crowd
of obedient worshippers, the gloom of the forests,
the glitter of the reach between the murky bends,
the beat of the drum, regular and muffled like
the beating of a heart — the heart of a conquering
darkness.

La visión parecía entrar en la casa conmigo: la camilla, los
portadores fantasmas, la multitud salvaje de obedientes
adoradores, la penumbra de los bosques, el brillo del
alcance entre las turbias curvas, el golpe del tambor,
regular y apagado como el latido de un corazón: el corazón
de una oscuridad conquistadora.

51.9 It was a moment of triumph for the wilderness, an
invading and vengeful rush which, it seemed to me,
I would have to keep back alone for the salvation of
another soul.

Fue un momento de triunfo para el desierto, una acometida
invasora y vengativa que, me pareció, tendría que contener
yo solo para la salvación de otra alma.

51.10 And the memory of what I had heard him say afar
there, with the horned shapes stirring at my back,
in the glow of fires, within the patient woods, those
broken phrases came back to me, were heard again in
their ominous and terrifying simplicity.

Y el recuerdo de lo que le había oído decir allá lejos, con las
formas cornudas agitándose a mi espalda, en el resplandor
de los fuegos, entre los bosques pacientes, aquellas frases
entrecortadas volvieron a mí, se oyeron de nuevo en su
ominosa y aterradora sencillez.

I remembered his abject pleading, his abject threats, the colossal scale of his vile desires, the meanness, the torment, the tempestuous anguish of his soul.
51.11
Recordé sus abyectas súplicas, sus abyectas amenazas, la escala colosal de sus viles deseos, la mezquindad, el tormento, la tempestuosa angustia de su alma.

And later on I seemed to see his collected languid manner, when he said one day,
51.12
Y más tarde me pareció ver su languidez recogida, cuando dijo un día,

'This lot of ivory now is really mine.
51.13
"Este lote de marfil es ahora realmente mío.

The Company did not pay for it.
51.14
La Compañía no pagó por él.

I collected it myself at a very great personal risk.
51.15
Lo he recogido yo mismo, corriendo un gran riesgo personal.

I am afraid they will try to claim it as theirs though. H'm.
51.16
Pero me temo que intentarán reclamarlo como suyo. H'm.

It is a difficult case.
51.17
Es un caso difícil.

What do you think I ought to do — resist? Eh? I want no more than justice.
51.18
¿Qué crees que debo hacer? ¿Resistir? ¿Eh? No quiero más que justicia.

'...He wanted no more than justice — no more than justice.
51.19
'...No quería más que justicia, no más que justicia.

51.20 I rang the bell before a mahogany door on the first floor, and while I waited he seemed to stare at me out of the glassy panel — stare with that wide and immense stare embracing, condemning, loathing all the universe.

Llamé al timbre ante una puerta de caoba del primer piso y, mientras esperaba, me pareció que me miraba fijamente desde el panel de cristal, con esa mirada amplia e inmensa que abarcaba, condenaba y aborrecía todo el universo.

51.21 I seemed to hear the whispered cry, "The horror! The horror!"

Me pareció oír el grito susurrado: "¡El horror! El horror!"

52.1 The dusk was falling.

Estaba anocheciendo.

52.2 I had to wait in a lofty drawing-room with three long windows from floor to ceiling that were like three luminous and bedraped columns.

Tuve que esperar en un salón alto con tres largas ventanas del suelo al techo que eran como tres columnas luminosas y encamadas.

52.3 The bent gilt legs and backs of the furniture shone in indistinct curves.

Las patas y los respaldos dorados de los muebles brillaban en curvas indistintas.

52.4 The tall marble fireplace had a cold and monumental whiteness.

La alta chimenea de mármol tenía una blancura fría y monumental.

A grand piano stood massively in a corner; with dark gleams on the flat surfaces like a sombre and polished sarcophagus. 52.5
Un piano de cola se alzaba macizo en un rincón, con oscuros destellos en las superficies planas, como un sarcófago sombrío y pulido.

A high door opened — closed. I rose. 52.6
Una puerta alta se abrió y se cerró. Me levanté.

She came forward, all in black, with a pale head, floating towards me in the dusk. 53.1
Se acercó, toda de negro, con la cabeza pálida, flotando hacia mí en el crepúsculo.

She was in mourning. It was more than a year since his death, 53.2
Estaba de luto. Había pasado más de un año desde su muerte,

more than a year since the news came; 53.3
más de un año desde que llegó la noticia;

she seemed as though she would remember and mourn forever. 53.4
parecía como si fuera a recordar y llorar eternamente.

She took both my hands in hers and murmured, 53.5
Tomó mis manos entre las suyas y murmuró,

'I had heard you were coming.' 53.6
"Había oído que venías."

I noticed she was not very young — I mean not girlish. 53.7
Me di cuenta de que no era muy joven, quiero decir, no era una niña.

53.8 She had a mature capacity for fidelity, for belief, for suffering.
Tenía una capacidad madura para la fidelidad, para creer, para sufrir.

53.9 The room seemed to have grown darker,
La habitación parecía haberse oscurecido,

53.10 as if all the sad light of the cloudy evening had taken refuge on her forehead.
como si toda la triste luz del nublado atardecer se hubiera refugiado en su frente.

53.11 This fair hair, this pale visage, this pure brow, seemed surrounded by an ashy halo from which the dark eyes looked out at me.
Aquellos cabellos rubios, aquel rostro pálido, aquella frente pura, parecían rodeados de un halo ceniciento desde el que me miraban los ojos oscuros.

53.12 Their glance was guileless, profound, confident, and trustful.
Su mirada era inocente, profunda, segura y confiada.

53.13 She carried her sorrowful head as though she were proud of that sorrow, as though she would say,
Llevaba su dolorida cabeza como si se sintiera orgullosa de ese dolor, como si dijera,

53.14 'I — I alone know how to mourn for him as he deserves.'
"Sólo yo sé llorarle como se merece."

But while we were still shaking hands, such a look of awful desolation came upon her face that I perceived she was one of those creatures that are not the playthings of Time.

Pero mientras aún nos estrechábamos las manos, una expresión de terrible desolación apareció en su rostro, hasta el punto de que comprendí que era una de esas criaturas que no son juguete del Tiempo.

For her he had died only yesterday. And, by Jove!

Para ella, él había muerto ayer. Y, ¡válgame Dios!

the impression was so powerful that for me, too, he seemed to have died only yesterday — nay, this very minute.

la impresión fue tan fuerte que a mí también me pareció que había muerto ayer, es más, en este mismo instante.

I saw her and him in the same instant of time — his death and her sorrow — I saw her sorrow in the very moment of his death.

La vi a ella y a él en el mismo instante de tiempo: su muerte y su dolor; vi el dolor de ella en el mismo instante de su muerte.

Do you understand? I saw them together — I heard them together.

¿Comprendes? Los vi juntos, los oí juntos.

She had said, with a deep catch of the breath,

Ella había dicho, con una profunda respiración entrecortada,

'I have survived'

"He sobrevivido,"

53.22 while my strained ears seemed to hear distinctly,
mingled with her tone of despairing regret, the
summing up whisper of his eternal condemnation.
mientras que a mis aguzados oídos les parecía oír
claramente, mezclado con su tono de desesperado pesar,
el susurro resumido de su eterna condenación.

53.23 I asked myself what I was doing there, with a
sensation of panic in my heart as though I had
blundered into a place of cruel and absurd mysteries
not fit for a human being to behold.
Me pregunté qué hacía yo allí, con una sensación de
pánico en el corazón, como si me hubiera metido en un
lugar de misterios crueles y absurdos, no aptos para ser
contemplados por un ser humano.

53.24 She motioned me to a chair. We sat down.
Me indicó una silla. Nos sentamos.

53.25 I laid the packet gently on the little table,
Dejé el paquete suavemente sobre la mesita,

53.26 and she put her hand over it ...'You knew him well,'
y ella puso la mano sobre él ...'Lo conociste bien,'

53.27 she murmured, after a moment of mourning silence.
murmuró, después de un momento de lúgubre silencio.

54.1 'Intimacy grows quickly out there,' I said.
'La intimidad crece rápidamente allí,' dije.

54.2 'I knew him as well as it is possible for one man to
know another.'
'Le conocía tan bien como es posible que un hombre
conozca a otro.'

'And you admired him,' she said. 55.1
'Y tú le admirabas,' dijo ella.

'It was impossible to know him and not to admire 55.2
him. Was it?'
Era imposible conocerle y no admirarle. ¿Lo era?'

'He was a remarkable man,' I said, unsteadily. 56.1
'Era un hombre extraordinario,' dije, vacilante.

Then before the appealing fixity of her gaze, that 56.2
seemed to watch for more words on my lips, I
went on,
Luego, ante la atrayente fijeza de su mirada, que parecía
buscar más palabras en mis labios, continué,

'It was impossible not to — ' 56.3
'Era imposible no — '

'Love him,' she finished eagerly, 57.1
'Ámalo,' terminó con entusiasmo,

silencing me into an appalled dumbness. 'How true! 57.2
dejándome mudo de espanto. '¡Cuánta verdad!

how true! 57.3
¡Cuánta verdad!

But when you think that no one knew him so 57.4
well as I!
Pero ¡cuando piensas que nadie le conocía tan bien
como yo!

I had all his noble confidence. 57.5
Yo tenía toda su noble confianza.

57.6 I knew him best.'

Yo le conocía mejor que nadie.'

58.1 'You knew him best,' I repeated. And perhaps she did.

'Tú le conocías mejor,' repetí. Y tal vez así era.

58.2 But with every word spoken the room was growing darker, and only her forehead, smooth and white, remained illumined by the inextinguishable light of belief and love.

Pero a cada palabra que pronunciaba la habitación se oscurecía más y más, y sólo su frente, suave y blanca, permanecía iluminada por la luz inextinguible de la fe y el amor.

59.1 'You were his friend,' she went on. 'His friend,'

'Eras su amigo,' continuó. 'Su amigo,'

59.2 she repeated, a little louder.

repitió un poco más alto.

59.3 'You must have been, if he had given you this, and sent you to me.

'Debías de serlo si te había dado esto y te había enviado a mí.

59.4 I feel I can speak to you — and oh! I must speak.

Siento que puedo hablarte — y, ¡oh! debo hablarte.

59.5 I want you — you who have heard his last words — to know I have been worthy of him ...It is not pride ...Yes!

Quiero que tú, que has oído sus últimas palabras, sepas que he sido digna de él ...No es orgullo ...¡Sí!

I am proud to know I understood him better than any 59.6
one on earth — he told me so himself.
Me enorgullece saber que le comprendía mejor que nadie
en la tierra, él mismo me lo dijo.

And since his mother died I have had no one — no 59.7
one — to — to — '
Y desde que murió su madre no he tenido a nadie, a
nadie ...'

I listened. The darkness deepened. 60.1
Escuché. La oscuridad se hizo más profunda.

I was not even sure whether he had given me the 60.2
right bundle.
Ni siquiera estaba seguro de si me había dado el fajo
correcto.

I rather suspect he wanted me to take care of another 60.3
batch of his papers which, after his death, I saw the
manager examining under the lamp.
Sospecho más bien que quería que me ocupara de otro lote
de sus papeles que, después de su muerte, vi al director
examinar bajo la lámpara.

And the girl talked, 60.4
Y la muchacha hablaba,

easing her pain in the certitude of my sympathy; 60.5
aliviando su dolor en la certeza de mi simpatía;

she talked as thirsty men drink. 60.6
hablaba como beben los sedientos.

60.7 I had heard that her engagement with Kurtz had been disapproved by her people.

Había oído que su compromiso con Kurtz había sido desaprobado por su gente.

60.8 He wasn't rich enough or something.

No era lo bastante rico o algo así.

60.9 And indeed I don't know whether he had not been a pauper all his life.

Y de hecho no sé si no había sido un indigente toda su vida.

60.10 He had given me some reason to infer that it was his impatience of comparative poverty that drove him out there.

Me había dado alguna razón para inferir que fue su impaciencia por la pobreza comparativa lo que le llevó hasta allí.

61.1 '...Who was not his friend who had heard him speak once?'

'...¿Quién no fue su amigo que le oyó hablar una vez?'

61.2 she was saying.

decía.

61.3 'He drew men towards him by what was best in them.'

'Atraía a los hombres hacia él por lo que había de mejor en ellos.'

61.4 She looked at me with intensity.

Me miró con intensidad.

'It is the gift of the great,' she went on, and the sound   61.5
of her low voice seemed to have the accompaniment
of all the other sounds, full of mystery, desolation,
and sorrow, I had ever heard — the ripple of the
river, the soughing of the trees swayed by the
wind, the murmurs of the crowds, the faint ring of
incomprehensible words cried from afar, the whisper
of a voice speaking from beyond the threshold of an
eternal darkness.

Es el don de los grandes," prosiguió, y el sonido de su
voz grave parecía acompañar a todos los demás sonidos,
llenos de misterio, desolación y dolor, que yo había oído:
el murmullo del río, el susurro de los árboles mecidos por
el viento, los murmullos de la multitud, el débil timbre de
palabras incomprensibles gritadas desde lejos, el susurro
de una voz que hablaba desde más allá del umbral de una
oscuridad eterna.

'But you have heard him! You know!' she cried.   61.6

Pero tú le has oído! Tú lo sabes!" gritó.

'Yes, I know,'   62.1

'Sí, lo sé,'

I said with something like despair in my heart, but   62.2
bowing my head before the faith that was in her,
before that great and saving illusion that shone with
an unearthly glow in the darkness, in the triumphant
darkness from which I could not have defended her -

dije con algo parecido a la desesperación en mi corazón,
pero inclinando la cabeza ante la fe que había en ella, ante
esa ilusión grande y salvadora que brillaba con un fulgor
sobrenatural en la oscuridad, en la oscuridad triunfante de
la que no podría haberla defendido -

from which I could not even defend myself.   62.3

de la que ni siquiera podría defenderme-.

63.1 'What a loss to me — to us!' —
'Qué pérdida para mí — para nosotros!' —

63.2 she corrected herself with beautiful generosity;
se corrigió con hermosa generosidad;

63.3 then added in a murmur, 'To the world.'
luego añadió en un murmullo: "Para el mundo."

63.4 By the last gleams of twilight I could see the glitter of her eyes, full of tears — of tears that would not fall.
En los últimos destellos del crepúsculo pude ver el brillo de sus ojos, llenos de lágrimas, de lágrimas que no caían.

64.1 'I have been very happy — very fortunate — very proud,'
He sido muy feliz, muy afortunada, muy orgullosa,"

64.2 she went on. 'Too fortunate.
continuó. Demasiado afortunada.

64.3 Too happy for a little while.
Demasiado feliz por poco tiempo.

64.4 And now I am unhappy for — for life.'
Y ahora soy infeliz de por vida."

65.1 She stood up;
Se levantó;

65.2 her fair hair seemed to catch all the remaining light in a glimmer of gold.
su cabello rubio parecía atrapar toda la luz restante en un destello de oro.

I rose, too.   65.3
Yo también me levanté.

'And of all this,' she went on mournfully, 'of all his   66.1
promise, and of all his greatness, of his generous
mind, of his noble heart, nothing remains -
Y de todo esto -

nothing but a memory.   66.2
continuó ella con tristeza-, de toda su promesa, de toda su
grandeza, de su mente generosa, de su noble corazón, no
queda nada, nada más que un recuerdo.

You and I — '   66.3
Tú y yo — '

'We shall always remember him,' I said hastily.   67.1
Siempre le recordaremos," me apresuré a decir.

'No!' she cried.   68.1
"¡No!" gritó.

'It is impossible that all this should be lost — that   68.2
such a life should be sacrificed to leave nothing — but
sorrow.
Es imposible que todo esto se pierda, que una vida así se
sacrifique para no dejar más que dolor.

You know what vast plans he had.   68.3
Tú sabes los grandes planes que tenía.

I knew of them,   68.4
Yo también los conocía - quizá no podía comprenderlos-,

68.5 too — I could not perhaps understand — but others knew of them.

pero otros los conocían.

68.6 Something must remain. His words, at least, have not died.'

Algo debe quedar. Sus palabras, al menos, no han muerto."

69.1 'His words will remain,' I said.

'Sus palabras permanecerán,' dije.

70.1 'And his example,' she whispered to herself.

Y su ejemplo," susurró para sí misma.

70.2 'Men looked up to him — his goodness shone in every act.

Los hombres le admiraban, su bondad brillaba en cada acto.

70.3 His example — '

Su ejemplo — '

71.1 'True,' I said; 'his example, too.' Yes, his example.

'Cierto,' dije; 'su ejemplo, también.' Sí, su ejemplo.

71.2 I forgot that.'

Lo había olvidado.'

72.1 'But I do not. I cannot — I cannot believe — not yet.

Pero yo no. No puedo — no puedo creer — todavía no.

72.2 I cannot believe that I shall never see him again, that nobody will see him again, never, never, never.'

No puedo creer que no volveré a verle, que nadie volverá a verle, nunca, nunca, nunca.'

She put out her arms as if after a retreating figure,
Extendió los brazos como tras una figura que se retiraba,

stretching them back and with clasped pale hands
across the fading and narrow sheen of the window.
estirándolos hacia atrás y con las pálidas manos
entrelazadas a través del desvaído y estrecho brillo de la
ventana.

Never see him! I saw him clearly enough then.
Nunca lo vi! Entonces lo vi con suficiente claridad.

I shall see this eloquent phantom as long as I live,
and I shall see her, too, a tragic and familiar Shade,
resembling in this gesture another one, tragic also,
and bedecked with powerless charms, stretching bare
brown arms over the glitter of the infernal stream,
the stream of darkness.
Veré este elocuente fantasma mientras viva, y la veré
también a ella, una trágica y familiar Sombra, parecida
en este gesto a otra, trágica también, y engalanada con
encantos impotentes, extendiendo los desnudos brazos
morenos sobre el resplandor del arroyo infernal, el arroyo
de las tinieblas.

She said suddenly very low, 'He died as he lived.'
Dijo de pronto en voz muy baja: "Murió como vivió."

'His end,' said I, with dull anger stirring in me, 'was
in every way worthy of his life.'
Su final - dije yo, con una cólera sorda agitándose en mí -
fue en todos los sentidos digno de su vida."

'And I was not with him,' she murmured.
Y yo no estaba con él," murmuró.

75.2 **My anger subsided before a feeling of infinite pity.**
Mi ira se desvaneció ante un sentimiento de infinita piedad.

76.1 **'Everything that could be done — ' I mumbled.**
Todo lo que se podía hacer — ," murmuré.

77.1 **'Ah, but I believed in him more than any one on earth — more than his own mother, more than — himself.**
Ah, pero yo creía en él más que nadie en la tierra, más que su propia madre, más que él mismo.

77.2 **He needed me! Me!**
Me necesitaba! A mí!

77.3 **I would have treasured every sigh, every word, every sign, every glance.'**
Hubiera atesorado cada suspiro, cada palabra, cada señal, cada mirada.'

78.1 **I felt like a chill grip on my chest.**
Sentí como un escalofrío me agarraba el pecho.

78.2 **'Don't,' I said, in a muffled voice.**
No lo hagas," dije con voz ahogada.

79.1 **'Forgive me.**
Perdóname.

79.2 **I — I have mourned so long in silence — in silence ...You were with him — to the last?**
Yo-yo he llorado tanto tiempo en silencio-en silencio ...¿Estuviste con él hasta el final?

79.3 **I think of his loneliness.**
Pienso en su soledad.

Nobody near to understand him as I would have understood.

79.4

Nadie cerca para entenderlo como yo lo habría entendido.

Perhaps no one to hear ...'

79.5

Tal vez nadie para escuchar ...'

'To the very end,' I said, shakily.

80.1

'Hasta el final,' dije, temblando.

'I heard his very last words ...' I stopped in a fright.

80.2

'Oí sus últimas palabras ...' Me detuve asustada.

'Repeat them,' she murmured in a heart-broken tone.

81.1

'Repítelos,' murmuró con el corazón destrozado.

'I want — I want — something — something — to — to live with.'

81.2

'Quiero — quiero — algo — algo con lo que vivir.'

I was on the point of crying at her, 'Don't you hear them?'

82.1

Estuve a punto de gritarle: '¿No los oyes?'

The dusk was repeating them in a persistent whisper all around us,

82.2

El crepúsculo los repetía en un susurro persistente a nuestro alrededor,

in a whisper that seemed to swell menacingly like the first whisper of a rising wind.

82.3

en un susurro que parecía hincharse amenazadoramente como el primer susurro de un viento que se levanta.

82.4 'The horror! The horror!'
'¡El horror! ¡El horror!'

83.1 'His last word — to live with,' she insisted.
"Su última palabra: vivir con él," insistió.

83.2 'Don't you understand I loved him — I loved him — I loved him!'
"¡No comprendes que le amaba, Le amaba, Le amaba!"

84.1 I pulled myself together and spoke slowly.
Me recompuse y hablé despacio.

85.1 'The last word he pronounced was — your name.'
'La última palabra que pronunció fue tu nombre.'

86.1 I heard a light sigh and then my heart stood still, stopped dead short by an exulting and terrible cry, by the cry of inconceivable triumph and of unspeakable pain.
Oí un leve suspiro y luego mi corazón se paró en seco, detenido en seco por un grito exultante y terrible, por el grito de un triunfo inconcebible y de un dolor indecible.

86.2 'I knew it — I was sure! ' ...She knew. She was sure.
'Lo sabía — estaba segura! ' ...Lo sabía. Estaba segura.

86.3 I heard her weeping; she had hidden her face in her hands.
La oí llorar; había escondido la cara entre las manos.

86.4 It seemed to me that the house would collapse before I could escape,
Me pareció que la casa se derrumbaría antes de que yo pudiera escapar,

that the heavens would fall upon my head. But
nothing happened.
86.5

que el cielo caería sobre mi cabeza. Pero no ocurrió nada.

The heavens do not fall for such a trifle.
86.6

Los cielos no caen por una nimiedad semejante.

Would they have fallen, I wonder, if I had rendered
Kurtz that justice which was his due?
86.7

¿Me habría caído, me pregunto, si le hubiera hecho a Kurtz
la justicia que le correspondía?

Hadn't he said he wanted only justice? But I couldn't.
86.8

¿No había dicho que sólo quería justicia? Pero no podía.

I could not tell her.
86.9

No podía decírselo.

It would have been too dark — too dark altogether ..."
86.10

Habría sido demasiado oscuro, demasiado oscuro ..."

Marlow ceased, and sat apart, indistinct and silent, in
the pose of a meditating Buddha.
87.1

Marlow cesó y se sentó aparte, indistinto y silencioso, en la
postura de un Buda meditabundo.

Nobody moved for a time.
87.2

Nadie se movió durante un rato.

"We have lost the first of the ebb,"
87.3

"Hemos perdido el primero del reflujo,"

said the Director suddenly. I raised my head.
87.4

dijo de pronto el Director. Levanté la cabeza.

87.5 The offing was barred by a black bank of clouds, and
the tranquil waterway leading to the uttermost
ends of the earth flowed sombre under an overcast
sky — seemed to lead into the heart of an immense
darkness.

Un banco negro de nubes obstruía el horizonte, y el
tranquilo curso de agua que conducía a los confines de
la tierra fluía sombrío bajo un cielo encapotado, parecía
adentrarse en el corazón de una inmensa oscuridad.

Möwenstein Books

www.mowenstein.com

Renowned Authors

H. G. Wells   ·   Ernest Hemingway
H. P. Lovecraft   ·   Lewis Carroll
Franz Kafka   ·   Friedrich Nietzsche
Albert Einstein   ·   Oscar Wilde
Hans Christian Andersen

Notable Works

Frankenstein   ·   *Alice in Wonderland*
Heart of Darkness   ·   *The Great Gatsby*
Siddhartha   ·   *The Metamorphosis*
Thus Spoke Zarathustra

Translation Services

We offer translation services in various languages, including German, Spanish, Chinese, Korean, Arabic, and more. For custom translations or revisions, please contact us at:

Email: translation@mowenstein.com

Our Collections

Franz Kafka Collection

- *The Metamorphosis / Die Verwandlung*
- *The Trial / Der Prozess*
- *The Castle / Das Schloss*
- *and many more...*

Pakt mit dem Teufel

- *Faust Parts I & II* by Johann Wolfgang von Goethe
- *Doctor Faustus* by Christopher Marlowe

Portraits of Irishmen

- *The Picture of Dorian Gray* by Oscar Wilde
- *A Portrait of the Artist as a Young Man* by James Joyce

Children's Classics

- *Winnie-the-Pooh / Pu der Bär*
- *Brothers Grimm Fairy Tales*
- *Fairy Tales Told for Children*
  - Author: Hans Christian Andersen

Visit Us

At Möwenstein Books, we are committed to providing high-quality bilingual editions of classic works. Explore our collections and discover more titles across various genres and languages.

Website: www.mowenstein.com